Christian Scherer

Braunschweiger Fayencen

Salzwasser

Christian Scherer

Braunschweiger Fayencen

1. Auflage | ISBN: 978-3-84609-513-3

Erscheinungsort: Paderborn, Deutschland

Erscheinungsjahr: 2014

Salzwasser Verlag GmbH, Paderborn.

Nachdruck des Originals von 1929.

Christian Scherer

Braunschweiger Fayencen

Salzwasser

Werkstücke

aus Museum, Archiv und Bibliothek
der Stadt Braunschweig
IV

Christian Scherer

Braunschweiger Fayencen

+

Verzeichnis
der Sammlung Braunschweiger Fayencen
im Städtischen Museum zu Braunschweig

Mit 48 Abbildungen

Druck und Verlag von E. Appelhans & Comp., Braunschweig
(Rud. Stolle u. Gust. Roselieb)
1929

Von dieser Sammlung „Werkstücke"

sind bisher erschienen:

I. Fuhse, F. Vom Braunschweiger Tischlerhandwerk. Stobwasserarbeiten. 1925.
86 Seiten mit 37 Abbildungen. Ladenpreis 3 RM.

II. Mack, Heinr. C. F. Gauß und die Seinen. (Briefwechsel).
130 Seiten mit 10 Porträts, sowie 14 Stammtafeln. 1927. Ladenpreis 6.50 RM.

III. Schröder, Hans. Verzeichnis der Sammlung alter Musikinstrumente im Städt. Museum Braunschweig. Instrumente, Instrumentenmacher und Instrumentisten in Braunschweig. (Urkundliche Beiträge) 1928.
124 Seiten mit 43 Abbildungen. Ladenpreis 3 RM.

IV. ist der vorliegende Band.

Zu beziehen durch alle Buchhandlungen des In- und Auslandes.

Der Verlag E. Appelhans & Comp., Braunschweig
(Rud. Stolle u. Gust. Roselieb)

Werkstücke

aus Museum, Archiv und Bibliothek der Stadt Braunschweig

IV

Christian Scherer

Braunschweiger Fayencen

+

Verzeichnis der Sammlung Braunschweiger Fayencen im Städtischen Museum zu Braunschweig

Mit 48 Abbildungen

Druck und Verlag von E. Appelhans & Comp., Braunschweig

(Rud. Stolle u. Gust. Roselieb)

1929

Vorwort.

Seit dem Erscheinen meiner Aufsätze über die beiden braunschweigischen Fayencefabriken, in denen zum ersten Male eine geschichtliche Darstellung derselben auf Grund der vorhandenen Akten versucht wurde, hat die inzwischen eifrig betriebene Erforschung der deutschen Fayencekunst immer von neuem wieder die „überragende Bedeutung“ und den starken Einfluß festgestellt, den gerade diese beiden Fabriken auf zahlreiche andere in Nord- und Mitteldeutschland, wie z. B. Aumund und Lesum bei Vegesack, Jever, Wrisbergholzen, Halle, Dorotheental bei Arnstadt, Rudolstadt (?), Zerbst u. a. m. ausgeübt haben. O. Riesebieter und A. Stöhr, die verdienstvollen Geschichtsschreiber der deutschen Fayencen, M. Sauerlandt, W. Stieda und andere haben wiederholt hierauf hingewiesen und die mancherlei Beziehungen persönlicher wie künstlerischer Art aufgedeckt, die zwischen jenen Manufakturen und den beiden braunschweigischen bestanden haben. Schon aus diesem Grunde bedarf eine nochmalige selbständige Behandlung der letzteren in der hier vorliegenden neuen Form wohl kaum einer besonderen Rechtfertigung, ganz abgesehen davon, daß jene Aufsätze wegen ihrer Veröffentlichung an entlegenen und nicht jedem zugänglichen Stellen selbst einem Teil der Fachgenossen völlig entgangen oder erst durch die Werke von Stöhr und Riesebieter im Auszuge bekannt geworden sind. Aber noch aus anderen Gründen kommt mir ihr erneutes Erscheinen sehr gelegen, weil ich dadurch in der Lage bin, sowohl vielfache Ergänzungen und Berichtigungen, die im Laufe der Zeit notwendig geworden sind, nunmehr vornehmen zu können, als auch neben dem geschichtlichen Entwicklungsgang der Fabriken ihren Erzeugnissen und deren Urhebern, die beide dort nur nebensächlich behandelt wurden, eine sorgfältigere und ihrer Bedeutung mehr entsprechende Würdigung zuteil werden zu lassen. Daß diese auf Grund unserer inzwischen erheblich erweiterten Kenntnisse mitunter zu einem etwas anderen Ergebnis führen mußte, als es s. Zt. bei dem mangelhaften Stande unseres Wissens möglich war, ist leicht zu verstehen.

Wenn ich schließlich noch einen besonderen Vorzug dieser Schrift gegenüber jenen beiden Aufsätzen hervorheben darf, so sind es die den Text ergänzenden Abbildungen, die dank der bereitwilligen Unterstützung der betreffenden Museen sowie einiger Privatsammler in einer so stattlichen Zahl beigegeben werden konnten, daß sie einen vortrefflichen Überblick über die künstlerischen Leistungen beider Fabriken zu gewähren vermögen. Und gerade an einer hinreichenden bildlichen Wiedergabe hat es bisher noch fast allen Veröffentlichungen über Braunschweiger Fayencen gefehlt.

Chr. Scherer.

Literatur:

Christian Scherer, Die Fayencefabrik zu Braunschweig in „Bayer. Gewerbezeitung“ 1894, Nr. 18 und (erweitert) „Braunschweigisches Magazin“ 1896, Nr. 6.

Christian Scherer, Die Chelysche Fayencefabrik zu Braunschweig in „Quellen und Forschungen zur Braunschweigischen Geschichte“ VI (1914), S. 209 ff. Beide Aufsätze beruhen im Wesentlichen auf den im Wolfenbütteler Hauptarchiv und im Städtischen Archiv zu Braunschweig erhaltenen Akten, auf Notizen in den an letzterer Stelle aufbewahrten Sackschen Sammelbänden (Faszikel Gewerke C—F), sowie auf den in den Braunschweigischen Anzeigen veröffentlichten Kirchennachrichten und Bekanntmachungen. Vergl. auch (für die frühste Periode der älteren Fabrik bis 1714) Altertümer der Stadt und des Landes Braunschweig 1841, S. 48 ff. — Christian Scherer, Braunschweiger Fayencen in „Kunstwanderer“ 1921, S. 406 ff. — A. Stöhr, Deutsche Fayencen und Deutsches Steingut. Berlin (1920), S. 337 ff. — O. Riesebieter, Die deutschen Fayencen des 17. und 18. Jahrhunderts. Leipzig 1921, S. 231 ff. — O. Riesebieter, Wechselbeziehung der Braunschweigischen Fayencefabriken in „Cicerone“ 1914, S. 309 ff.

I. Die „Fürstliche" oder die sog. Hornsche Fabrik.

A. Die Geschichte der Fabrik.

Die ältere der beiden braunschweigischen Fayencefabriken, die als die „Fürstliche" oder auch nach dem Namen ihres ersten Pächters als die „(von) Hornsche" bezeichnet wird, wurde als „Porcellainfabrik nach Delftischer Art" durch Herzog Anton Ulrich 1707 ins Leben gerufen. Sie befand sich auf dem Rennelberge vor dem alten Petritor in einem, dem Bürger und Töpfer Joh. Andreas Pape gehörigen Hause, das zunächst gemietet, später (1710) angekauft wurde, und war der technischen Leitung eines aus Sachsen berufenen „Porcellainmeisters" Namens Joh. Philipp Frantz[1]) unterstellt, neben dem als „Meister und Handlanger" die Maler Joh. Christoph Giltze[2]) und Joh. Martin Frantz, ein Sohn des erstgenannten, sowie der Dreher Wilh. Kannega (Kanja)[3]) und ein nicht näher bekannter Former beschäftigt waren. Doch war dies offenbar nicht das gesamte Personal, da u. a. im Zusammenhang mit der im Jahre 1709 geplanten Anlage einer Fayencefabrik zu Einbeck ein gewisser Oswald Kratzenberg nebst seinem Sohn sowie der Hafner und Porzellanmacher Andreas Eyring aus Kronach genannt werden, wobei bemerkt wird, daß alle drei zuvor an der Fayencefabrik zu Braunschweig gearbeitet hätten.[4])

Wie wenig glücklich das Unternehmen von Anfang an vonstatten ging, erhellt aus einer Verfügung des Herzogs vom 6. November 1708, nach welcher ein für einen neuen Versuch geforderter Betrag von 438 Talern bezahlt werden solle, obwohl die Fabrik bereits eine ansehnliche Summe gekostet und noch wenig geleistet habe; zugleich wurden Bedenken wegen der Fähigkeit der Werkleute laut, die einer strengeren Beaufsichtigung zu unterstellen seien. Allein auch in der Folge konnte die Fabrik, die den Ton von Lutter a. B. und von Oberg, andere Rohmaterialien aber aus dem Auslande beziehen mußte und nicht einmal genug Brennholz bei Braunschweig vorfand, nicht vorwärtskommen, so daß man bereits 1709 ernsthaft in Erwägung zog, ob man sie nicht nach Königslutter in die Nähe

[1]) Über ihn siehe Stöhr a. a. O. S. 380, Riesebieter a. a. O. S. 352/3, und W. Sauerlandt in „Cicerone" 1910 p. 639. F. siedelte um 1710 nach Dorotheental über, wohin er vielleicht durch die Gemahlin des regierenden Fürsten Auguste Dorothea, eine Tochter Herzogs Anton Ulrich, berufen war.

[2]) G. übernahm 1724 die Casseler Fayencefabrik, nachdem er, wie er in seinem Gesuche angibt, 14 Jahre in der Braunschweigischen Fabrik Meister gewesen war. S. A. von Drach „Hessenland" 1891, S. 120 und Riesebieter S. 383.

[3]) K. siedelte mit Joh. Frantz um 1710 nach Dorotheental über, wo er 1710 bis 1718 begegnet. cf. Stöhr a. a. O., S. 380 und Riesebieter a. a. O., S. 353 f. —

[4]) Siehe J. Kretzschmar, „Die Anfänge der Porzellanmacherei im Kurfürstenthum Hannover" in der Zeitschrift des Histor. Vereins für Niedersachsen 1902, S. 282 ff. — Übrigens war auch an der Fayencefabrik zu Zerbst 1725 als Maler ein gewisser Wilhelm Dietmar tätig, der ebenfalls aus Braunschweig stammte, wo er „auf der Reisserstraße" wohnhaft erwähnt wird. Siehe W. Stieda, „Die keramische Industrie im Herzogtum Anhalt während des 18. Jahrhunderts" in Mitteilungen des Vereins für Anhalt. Geschichte und Altertumskunde X (1907) Heft 2, S. 241, 250.

Abb. 1. Tüllenvase, blau bemalt, wahrsch. von Ripp. 2,10 h. Marke I. Berlin, Privatbesitz

des holzreichen Elm verlegen oder als ein Werk, das „mehr zur Curiosité als Nutzen" diene, überhaupt eingehen lassen solle.[5])

Bevor noch ein Entschluß hierüber gefaßt worden war, kam ein Vertrag mit dem Patrizier Heinr. Christoph von Horn zustande, durch den dieser die Fabrik vom 1. Januar 1710 auf sechs Jahre gegen eine bestimmte jährliche Pacht übernahm. Das Papesche Gebäude mit allem Inventar wurde dem Pächter übergeben, der sich zugleich verpflichten mußte, das gesamte Personal beizubehalten und den Betrieb mit allen Kräften zu fördern, wofür ihm die Errichtung eines zweiten Brennofens sowie verschiedene Erleichterungen in Aussicht gestellt wurden. So durfte er z. B. den Ton überall da, von wo er bisher bezogen war, „ohne Entgelt und ohne jemandes Behinderung" frei graben und anfordern lassen; auch sollte alles übrige Material ohne Abgabe bleiben und die Ausfuhr der Erzeugnisse frei vor sich gehen.

Was diese letzteren betrifft, die damals in der Fabrik angefertigt wurden, so werden in einem Inventar angeführt „Thee Töpchens, Theeschüsseln, Chokolade-Tassen, große Schüsseln, große Teller, mittlere und

[5]) In einer Bemerkung bei Engelhardt, J. F. Böttcher p. 583, in der die Rede von einem sog. Kokermacher oder Flurknecht und einem Dreher ist, heißt es sogar, sie seien „aus einer eingegangenen Braunschweiger Fabrik" (1711) gekommen. Mit dieser könnte natürlich nur unsere Fayencefabrik gemeint gewesen sein, auf deren damalige kritische Lage jedenfalls auch diese Notiz, wenn sie auch nicht ganz der Wahrheit entsprach, hinzudeuten scheint.

kleine Teller, Kaltschalen-Näpfe, halbe und ¼ Stübgen-Krüge, Butterbüchsen, Hangetöpfe, Tintenfässer, Leuchter, Becher, Fließen, Bilder, Senfschüsseln, Speytöpfe, Scheerbecken, Töpfe mit drei Füßen, Suppentöpfe mit Deckel, Apotheken-Krucken, Gartentöpfe, Auffätze, Nachttöpfe und Maaskrüge." Dazu kamen noch nach einem Verzeichnis von Waren, die der Herzog 1710 aus der Fabrik erhielt, Zuckerbüchsen und Präsentierteller, so daß, alles in allem, etwa 30 verschiedene Gegenstände in Betracht

Abb. 2. Terrine, blau bemalt auf zitronengelbem Grunde. Marke I. Braunschweig, Samml. Löbr.

kamen, die jedoch keinesfalls die gesamte Fabrikation umfaßt haben dürften. Vasen, die in der späteren Zeit einen Hauptzweig derselben bildeten, scheinen also damals noch nicht hergestellt zu sein, falls nicht etwa unter jenen „Auffätzen" solche Vasen bezw. Vasengarnituren zu verstehen sind; in der Hauptsache waren es jedenfalls nur Gegenstände des Gebrauches, keine eigentlichen Luxuswaren.

Noch in demselben Jahre (1710) erhielt von Horn für sich und seine Erben ein Privilegium auf eine „vollkommene Porcellainfabrik", um „einen Versuch zu tun, ob man das Dresdensche rothe Zeug ausfinden und machen könne"; doch scheint derselbe von diesem Recht keinen weiteren Gebrauch gemacht zu haben, da während seiner Pachtzeit niemals wieder die Rede davon ist und derartige Erzeugnisse, wie sie z. B. in Plaue an der Havel, in Bayreuth und an andern Orten hergestellt wurden, auch bisjetzt noch nicht mit Sicherheit für Braunschweig nachgewiesen sind. Immerhin ist diese Nachricht nicht ohne Interesse, da sie zeigt, daß man in Braunschweig schon frühzeitig an die Nachahmung des roten Steinzeuges gedacht hatte und auch später, wie sich noch zeigen wird, immer wieder darauf zurückgekommen ist.

Nachdem von Horn, verärgert durch allerlei Widerwärtigkeiten, 1711 seinen Vetter, den Kanzleiadvokaten Werner Julius Günther (von) Hantelmann in Wolfenbüttel als Teilhaber angenommen hatte, dieser aber sich wenig um die Fabrik bekümmern konnte, traten im folgenden Jahre Horns Vetter (?), der Commerziencommissär Heinrich Friedrich von Horn und der Hauptmann Julius Dettmer von Hagen an Stelle der beiden ersten

Abb. 5. Rokokodeckelgefäß, farbig bemalt. Marke III. 30 cm hoch. Hamburg, Museum für Kunst und Gewerbe.

Pächter in den Vertrag ein. Streitigkeiten, die schon bald zwischen ihnen ausbrachen, veranlaßten jedoch 1714 den Austritt Hagens, so daß von diesem Zeitpunkt an der Commissär von Horn als alleiniger Pächter der Fabrik erscheint. Dieser, der übrigens auch in Unterhandlungen wegen Übernahme der Casseler Fayencefabrik gestanden hatte,[6]) erhielt im August 1714 von Herzog August Wilhelm ein neues Privilegium, wonach er, da

[6]) Siehe von Drach, Fayence- und Porzellanfabriken in Alt-Cassel, in „Hessenland“ 1891, S. 120.

der Umbau der Festungswerke den Abbruch des alten Gebäudes notwendig machte, die Fabrik auf seine Kosten in die Stadt an die Beckenwerperstraße (Ecke Kupfertwete)[7]) verlegen durfte. So lange hier von Horn an der Spitze des Werkes stand, hat er sich desselben mit großem Eifer angenommen, vom Herzog und dessen Kanzler in verständnisvoller Weise unterstützt.

Nach seinem 1731 erfolgten Tode führte seine Witwe Sophie Elisabeth, geb. Wilmerding, die Fabrik unter dem Schutze der Regierung weiter;

Abb. 4. Tafelaufsatz, blau bemalt. Marke III.
Berlin, Schloß-Museum.

doch vermochte diese, obwohl seit 1717 wiederholt Maßregeln gegen die Einfuhr anderer Fayencen ergriffen und strenge Verbote gegen den Handel mit solchen sowie gegen die Nachbildung von Fabrikmodellen erlassen waren, eine gelegentliche Übertretung derselben durch die einheimische wie auswärtige Konkurrenz nicht zu verhindern. Anderseits hören wir aber auch schon 1721 in einem Wolfenbütteler Schützen-Protokoll von Klagen

[7]) Auf einem Stadtplan von 1731 ist die Fabrik an dieser Stelle unter Y angegeben.

der Zinngießer daselbst über die immer mehr zunehmende Konkurrenz durch die „Porcellainhandeler“ aus Braunschweig, die bei den Auszügen der Schützengilde sich mit ihren Waren dort einfänden und den Zinngießern und ihrem Gewerbe erheblichen Abbruch täten.

Gegen Ostern 1742 kam alsdann die Fabrik in den Besitz einer der Söhne des Amtsrates und Gerichtsschulzen von Hantelmann, der jedoch schon im Juni 1745 sein Privilegium an die Brüder Heinrich Werner und Christoph Friedrich von Hantelmann abtrat, unter deren Leitung die Fabrik ihre erste wirkliche Blütezeit — sie beschäftigte 1746 21, 1747

Abb. 5. Blumenschale, bunt bemalt. Marke III.
Braunschweig, Sammlung Löbr.

19 Personen, die von Erlegung des Schutzgeldes befreit waren, und hatte ihr Verkaufslager in einem ebenfalls auf der Beckenwerperstraße belegenen Hause — erlebt und z. T. Vortreffliches geleistet zu haben scheint.

Freilich war dieser Aufschwung nur von kurzer Dauer; denn schon am 13. Mai 1749 wurden durch eine neue Verordnung die Privilegien der Brüder von Hantelmann an Joh. Erich Behling und Joh. Heinrich Reichard auf 12 Jahre übertragen, dergestalt, daß diesen gestattet sein solle „sotbane Fabrik auf Gewinn und Verlust ihrer eigenen Kosten nach bestem Wissen und Vermögen fortzusetzen, auch zu extendiren und darin allerhand weiße, bunte — und rote — Geschirre, Fliesen, Ofen-Kachel und überhaupt Alles, was von Porcellain und roter Erde verfertigt werden kann, fabriciren zu lassen“; zugleich wurde ihnen zur weiteren Förderung ihres Unternehmens Befreiung von allerlei öffentlichen Lasten und Steuern zugesichert. Aus Mangel an Absatz vermochten aber beide die Fabrik nicht lange zu halten, zumal auch inzwischen ähnliche Unternehmungen mit Erlaubnis der Regierung entstanden waren, darunter eine durch den Hauptmann R. A. Chely in Braunschweig selbst gegründete Fabrik, die weiter unten noch eine gesonderte Behandlung erfahren wird. Nachdem daher Behling schon einige Jahre früher ausgetreten war, überließ Reichard am 4. November 1756 die Fabrik mit allem Zubehör an Herzog Carl I., der ihm dafür 5000 Taler zahlte und außerdem noch eine lebenslängliche Rente bewilligte.

So war die Fabrik nunmehr zum zweiten Male fürstliches Eigentum,[8]) doch ohne daß sich die an diesen Wechsel geknüpften Erwartungen erfüllt hätten. Denn obwohl der Herzog auf alle Weise den Betrieb zu heben suchte, indem er die bereits 1749 zugestandenen Freiheiten von neuem bestätigte, die Einführung fremden Porzellans verbot und in einer weiteren

Abb. 6. Deckelvase, blau bemalt. Marke I.
Hannover, Kestner-Museum.

Verordnung vom 24. Mai 1764, in der übrigens die Fabrik zum ersten Mal als Fayencefabrik bezeichnet wird, verfügte, daß nur dieser erlaubt sein solle, ihre Erzeugnisse, deren alleiniger Verkauf dem Commissair Liebau anvertraut war, beim Königsschießen auf der Masch auszuspielen, ging das Unternehmen doch fortgesetzt bergab. Auch eine 1766 erfolgte Erweiterung dieser Verfügung, die dahin ging, daß das Ausspielen der Fayencen auf den Königsschießen, Messen und Jahrmärkten jedem unter der Bedingung erlaubt sein solle, daß er die Waren lediglich der Fürstlichen Fayencefabrik und deren Niederlage entnähme, scheint den gehofften Erfolg nicht gehabt zu haben, sodaß man sich schließlich infolge aller dieser Ent-

[8]) Sie stand 1757 bis 1763 unter der Direktion des Consistorialrates Bütemeister u. a.; 1764 bis 1768 unter Leitung des Hofrates Lutterloh; 1770 wurde die Direktion der Fürstl. Kammer übertragen.

täuschungen genötigt sah, auf ein so kostspieliges und wenig einträgliches Unternehmen zu verzichten und es andern Händen zu überlassen.

Die Fabrik wurde daher durch Vermittelung des Erbprinzen Carl Wilhelm Ferdinand 1773 an ihren bisherigen Faktor Joh. Benjamin

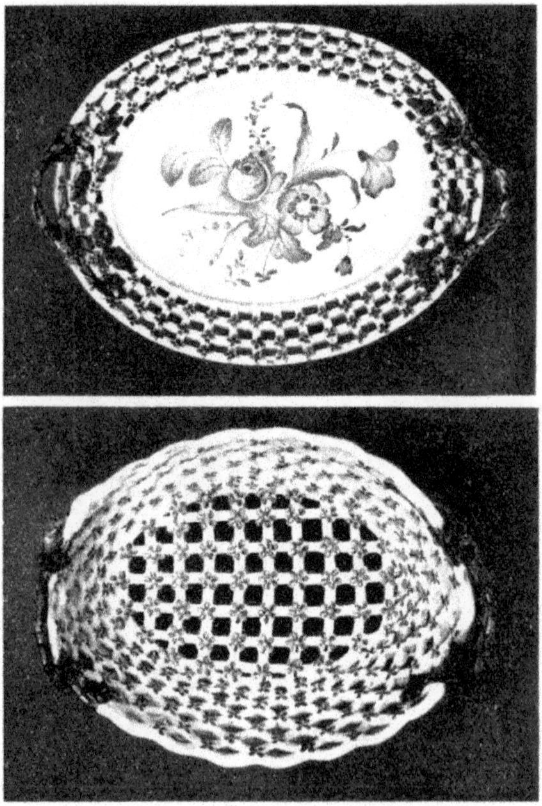

Abb. 7. Körbchen mit Unterschale, blau bemalt. Marke III. Braunschweig, Herzog Anton Ulrich-Museum.

Heinrich Rabe verpachtet, der als Compagnon einen geborenen Braunschweiger Namens Joh. Heinr. Christoph Hillecke annahm, welcher als Dreher in der Fabrik gelernt und gearbeitet hatte. Nachdem diese gemeinsame Pacht, während der u. a. anläßlich der veränderten Einrichtung auch ein allgemeiner Ausverkauf der noch auf Lager befindlichen Waren stattfand, etwa vier Jahre bestanden hatte, erwarb Rabe 1776 auf eigene Kosten für 1500 Taler die Fabrik, während Hillecke zunächst noch weiter darin tätig war, dann aber auswärts Beschäftigung fand und später, doch ohne Erfolg, um die Erlaubnis zur Anlage einer eigenen Fabrik bezw.

um den Ankauf der Rabeschen sich bewarb. Nach Rabes Tode (1803) setzte seine Witwe das Unternehmen fort, anfangs allein, zuletzt in Gemeinschaft mit ihrem zweiten Manne, dem Friseur Joh. Jos. Elias Theune; doch scheint der Betrieb in den ersten Jahren beinahe still gelegen zu haben, da geeignete Arbeitskräfte fehlten und Theune nach seinem eigenen Geständnis von der Herstellung der Fayencen nur wenig verstand. Erst im Jahre 1805,

Abb. 8. Schüssel, blau bemalt. Marke I.
Braunschweig, Sammlung Löbr.

nachdem ein Versuch, das Werk zu verkaufen, gescheitert war, begann man von neuem mit der Fabrikation, die jedoch aus Mangel an Brennmaterial, besonders aber, weil inzwischen das wohlfeilere und feinere englische Steingut die gröbere Fayence immer mehr verdrängte, nicht wieder in die Höhe kommen konnte und schließlich 1807, wo zu allen anderen Übelständen auch noch die ungünstigen politischen Verhältnisse mit ihren Folgen hinzutraten,[9]) gänzlich und für immer aufhören mußte.

B. Die Marken der Fabrik.

Bevor wir uns den Erzeugnissen der Fabrik zuwenden, müssen wir zunächst ihre Marken kennen lernen, auf denen ja in erster Linie unsere Kenntnis jener Erzeugnisse und ihrer zeitlichen Einordnung in die verschiedenen Perioden der Fabrik beruht.

[9]) So respektierte z. B. auch die westfälische Regierung die alten Privilegien nicht.

Über die Marken der Frühzeit (1710—1742) geben uns die Akten leider keine Auskunft. Doch geht aus der Bezeichnung der Erzeugnisse selbst mit Sicherheit hervor, daß die Fabrik schon damals eine Marke führte, die aus den ligierten Buchstaben V und H (von Horn) gebildet war und sich u. a. schon an einem der frühsten uns bekannten Erzeugnisse, einer großen und durch ihre pagodenartige Form besonders interessanten Tüllenvase von 1718 im Kestnermuseum zu Hannover sowie an ihrem Gegenstück im Privatbesitz zu Berlin (Abb. 1) befindet. Dieselbe Marke wurde aber auch in der folgenden, der sog. von Hantelmannschen Periode (1742—1749) verwendet, wo sie u. a. auf einer Reihe von Geschirren im Städtischen Museum zu Braunschweig und im Kestnermuseum zu Hannover begegnet, die mit dem von Hantelmannschen Wappen bemalt sind (Abb. 35). Aus diesem Grunde ist es nicht immer leicht, zu entscheiden, ob eine so bezeichnete Fayence schon der von Hornschen oder erst der von Hantelmannschen Periode angehört; doch dürfte in den meisten Fällen außer dem Stil der Ornamentik und gewissen technischen Merkmalen, insbesondere der Beschaffenheit der kobaltblauen Farbe, die fast allein für Fayencen jener ersten Perioden in Frage kommt, auch die Form der Marke, die anscheinend in den ersten Jahrzehnten im allgemeinen größer, derber und flüchtiger, später dagegen kleiner und sorgfältiger aufgemalt zu werden pflegte, einen ziemlich sicheren Anhalt geben.

Marke I

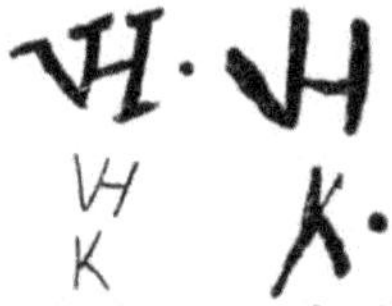

Für die kurze Zeit der Verwaltung Beblings und Reichards (1749 bis 1756) lassen sich die Marken B & R und R & B nachweisen, die keiner weiteren Deutung bedürfen. (1756 bis 1770) Auch für den nachfolgenden Zeitraum, in dem die Fabrik und dann weiterhin bis zum Schluß ihres Bestehens (—1807) zum zweiten Male fürstliches Eigentum geworden war steht als Marke fest ein B oder seltener Br.[10]) Aus diesem Zeitraum besitzen wir nämlich eine gedruckte Verordnung Herzog Carl Wilhelm Ferdinands vom 9. August 1781, die zunächst dem Fabrikanten Rabe und dessen Unterhändlern, soweit sie mit Pässen versehen sind, den Verkauf und das Ausspielen von Fayencen ohne weiteres gestattet, allen andern aber den Handel mit denselben streng verbietet. „Damit aber auch, heißt es dann weiter, durch obgedachte Unterhändler kein Unterschleif vorgehe und nicht ausländische Fayencewaaren, als welche nach wie vor verboten bleibt, statt der einheimischen debitiret werde, so ist zugleich befohlen, daß nicht nur die hiesigen Fayence-Waaren ferner mit einem B oder Br bezeichnet, sondern auch die von dem Fabrikanten Rabe und seinen Unterhändlern ertheilten gedruckten Pässe von ihm selbst unterschrieben und besiegelt,

Marke II

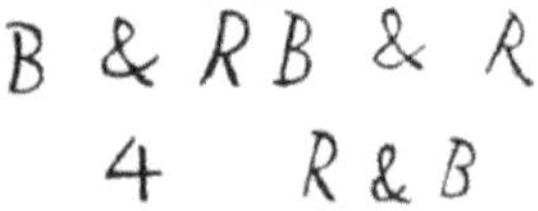

Marke III

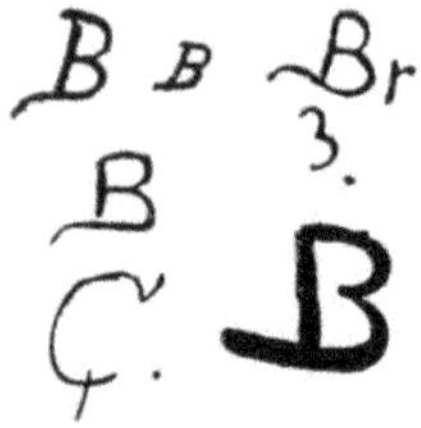

[10]) Die Marke Br z. B. auf einer Rokokovase mit graublauer Landschaft, früher in der Sammlung von Minnigerode (Lepkes Auktionskatalog 9/X 1917, Nr. 963, Taf. 17), jetzt in der Sammlung W. Löhr, sowie auf einer ebensolchen Vase im Städtischen Museum zu Braunschweig, die ursprünglich als Ofenbekrönung diente und 1782 datiert ist. Siehe „Verzeichnis" Nr. 172.

nicht weniger die Waren, mit Bemerkung der Zeit, binnen welcher sie zu debitiren und der Paß gültig ist, spezifice darin aufgeführt werden sollen." Aus dieser Verordnung ergibt sich also, daß die Marke B oder Br wenigstens seit 1781 im Gebrauche war; indessen liegt die Vermutung nahe, daß sie bereits auf Herzog Carl zurückgeht, der im Anfang der 60er Jahre (1764)

Abb. 9. Vase, blau bemalt. Marke IV.
Ehemalige Sammlung Brennfleck, Würzburg.

die bis dahin übliche Benennung „Porcellainfabrik" in Fayencefabrik umänderte und wohl gleichzeitig hiermit, vielleicht aber auch schon gleich bei ihrer Übernahme, die obigen beiden Marken einführte, ähnlich wie er bereits 1753 für seine Fürstenberger Porzellanfabrik die Signierung F durch eine Verordnung festgesetzt hatte. Zu dieser Vermutung stimmt aber nicht nur der Wortlaut in jener Verfügung, sondern auch die Tatsache, daß, worauf auch Riesebieter a. a. O. S. 253 mit Recht hinweist, die Mehrzahl der mit B bezeichneten Fayencen stilistisch nicht erst aus der Zeit nach 1781 stammen kann, sondern bereits im dritten Viertel des Jahrhunderts entstanden sein muß. Es dürfte demnach die Marke B, die neben der VH Marke weitaus am häufigsten begegnet, die für diesen langen Zeitraum hauptsächlich in Frage kommende gewesen sein. Neben ihr begegnet, jedoch nur selten,[11]) die Marke R & C (= Rabe und Compagnie), welche die Fabrik während der drei Jahre (1773—1776) der gemeinsamen Pacht Rabes und Hilleckes führte. Als aber dieses Compagnieverhältnis 1776 wieder gelöst worden war und Rabe allein

Marke IV

R&C

Abb. 10. Terrine, blau bemalt. Marke III.
Braunschweig, Sammlung Löhr.

die Fabrik übernommen hatte, wird dieser wieder zur alten Fabrikmarke B zurückgekehrt sein.

C. Die Erzeugnisse der Fabrik. Ihre Modelleure und Maler.

Die Erzeugnisse, die die Fabrik während ihres gerade 100 jährigen Bestehens hervorgebracht hat und von denen das Städtische Museum zu Braunschweig sowie die z. Zt. als Leihgabe im dortigen Herzog Anton Ulrich-Museum aufbewahrte Sammlung des verstorbenen Herrn Wilh. Löhr den weitaus reichsten Bestand aufweisen, während sich andere, mehr oder weniger ansehnliche Sammlungen im Kestnermuseum zu Hannover, im Landesmuseum zu Oldenburg, im Besitze des Herrn Generalstaatsanwalts O. Riesebieter daselbst und noch in einigen andern norddeutschen Museen, vor allem in Hamburg, befinden, sind in technischer wie künstlerischer Hin-

[11]) So z. B. auf einem Leuchter im Städt. Museum zu Braunschweig, der aus dem Besitz der Nachkommen Rabes stammt, auf einer Rokokotheebüchse der Sammlung Löhr, auf der hier abgebildeten Figur einer Pagode (Abb. 19), auf zwei großen Jardinieren im Städt. Museum zu Braunschweig (Siehe Verzeichnis Nr. 174, Abb. 45) und in der Sammlung Löhr, auf zwei Vasen der ehemaligen Sammlung Brennfleck-Würzburg usw.

sicht von größter Ungleichheit. Plumpe und geschmacklose Formen stehen neben solchen von großer Schönheit und Originalität, unsichere und flüchtige Malereien wechseln mit andern von auffallender Sorgfalt und Feinheit und diesem ihrem künstlerischen Charakter entspricht im allgemeinen auch die Technik, die bald eine hohe Vollkommenheit und überraschende Sicherheit, bald auch wieder die empfindlichsten Mängel, besonders in den Farben und der Glasur, aufzuweisen hat.

Abb. 11. Terrine, bemalt mit manganfarbigen Landschaften. Marke III. Braunschweig, Sammlung Löbr.

Wie überall, so war es auch hier zunächst und hauptsächlich Nutz- und Gebrauchsgeschirr von schlichter Form und einfacher Bemalung. Erst allmählich und nachdem man sich eine gründlichere Beherrschung der Technik angeeignet hatte, tritt an Stelle der einfachen Gebrauchsware auch solche von mannigfaltigeren Formen und einer reicheren Einzelgestaltung, und gleichzeitig hiermit vollzieht sich, und zwar vermutlich gegen Ende der 40er Jahre, ein weiterer Fortschritt in der malerischen Ausschmückung, indem neben der bis dahin üblichen Blaumalerei, die wohl gelegentlich auch durch Goldüberdekoration[12]) noch reicher gestaltet wird, unter dem immer mehr wachsenden Einfluß des Porzellans auch die Malerei in bunten Scharffeuerfarben ausgeübt wird.

Natürlich kann und soll es nicht Zweck dieser Schrift sein, ein völlig erschöpfendes Bild von den Gesamtleistungen der Fabrik zu liefern. Es soll vielmehr in den beigefügten Abbildungen nur eine bestimmte Auswahl von Gegenständen aus den verschiedenen Perioden der Fabrikation gegeben werden, die den allgemeinen Durchschnitt überragen und, sei es wegen ihrer

[12]) So machte mich Herr O. Riesebieter u. a. auf „zwei kleine blaue Stangenvasen mit kleinen Chinesen und Goldüberdekoration" aufmerksam, die sich Ende 1924 im Würzburger Kunsthandel befanden; es sind vermutlich dieselben, die dann 1925 von einem Heidelberger Kunsthändler dem Städtischen Museum zu Braunschweig zum Kauf angeboten wurden.

Formen, sei es wegen ihres Dekors, Anspruch auf besonderen Kunstwert erheben können. Dabei wird man sofort bemerken, wie sich der allgemeine Stilwandel des 18. Jahrhunderts auch in den Formen dieser Vasen und Gefäße deutlich widerspiegelt, wie wuchtige barocke Formen (Abb. 2) mit den

Abb. 12. Deckelterrine nebst Unterschale, blau bemalt. Marke I.
Aus dem Besitz des † Herzogs Johann Albrecht zu Mecklenburg.

plastisch leicht belebten Formen des Rokokos (Abb. 3—5) wechseln und wie diese wieder von den klassizistischen Formen des Louis XVI.-Stiles abgelöst werden. Dazwischen machen sich dann allerlei fremde Anregungen von nah und fern geltend, so vor allem bei den Vasen, in deren Formen man einen starken, zumeist durch Delft vermittelten ostasiatischen Einfluß (Abb. 6, 32, 33, 37) wahrnehmen kann, während sich gegen Ende des Jahrhunderts auch vereinzelt die Einwirkung gewisser klassizistischer Modelle Fürstenbergs [13]) verspüren läßt, ferner bei einzelnen Terrinen, die ihr Vorbild aus Silber häufig nicht verleugnen können (Abb. 2), sowie endlich auch bisweilen bei andern Gegenständen, die auf bestimmte Muster bezw. Anregungen aus-

Abb. 13. Rokokovase, blau bemalt. Marke III.
Braunschweig, Herzog Anton Ulrich-Museum.

wärtiger Fayencefabriken, wie z. B. Münden (Abb. 7), und Cassel [14]), zurückzuführen sind u. a. m.

[13]) Siehe z. B. eine Vase der ehemaligen Sammlung Brennfleck-Würzburg (Helbings Auktionskatalog, Mai 1912, Nr. 137) und die bei Riesebieter a. a. O., Abb. 302, wiedergegebene Vase seiner eigenen Sammlung.

[14]) Siehe z. B. Stöhr a. a. O., Abb. 155, die genau ebenso auch als Braunschweigische Fayence begegnet. — In einem Falle, nämlich bei einem Kännchen im Hamburgischen Museum für Kunst und Gewerbe, hat sogar ein solches aus rotem Böttgerschen Steinzeug als Vorbild gedient.

Auch im Dekor herrscht, besonders in der ersten Periode, der Einfluß des chinesisch-japanischen Porzellans und seines Dekorationsprinzips entschieden vor (Abb. 6, 8), neben dem lambrequinartige und andere barocke Behangmustermotive in der Art Delfts und Rouens (Abb. 6, 33), gelegentlich auch

Abb. 14. Zwei Henkelkrüge mit Chinesereien, bunt bemalt. Marke I. Braunschweig, Sammlung Löbr.

Beispiele des Laub- und Bandelwerkstils (Abb. 9), der hier auffallend spät noch begegnet, oder des aus Nürnberger Fayencen bekannten dichten blauen Streublumendekors (Abb. 37) eine minder wichtige Rolle spielen. Als dann aber seit etwa 1750 das Porzellan allmählich seinen Einfluß durchzusetzen beginnt und die verschiedenfarbige Scharffeuer- und Muffelmalerei den Blaudekor zu verdrängen sucht, wird auch hier an Stelle der überragend ornamentalen Ausschmückung eine naturalistische Blumen- und Landschaftsmalerei[15]) (Abb. 10, 41, 42) bevorzugt, doch nicht allein in bunten, sondern ebenso häufig auch in Ton in Ton (en camayeu) gehaltenen Farben, unter denen ein mattes Manganviolett an erster Stelle steht (Abb. 11). Auf eine Einwirkung des Porzellans ist natürlich auch jene Verzierungsweise zurückzuführen, die auf graugrünem oder braunem, ganz besonders aber auf

[15]) Reine Figurenmalerei ist selten; doch begegnen wir häufig und schon frühe Chinesen als Staffage einer Landschaft, so z. B. bei Riesebieter a. a. O., Abb. 298, auf walzenförmigen Humpen der Sammlung Löbr und des Städtischen Museums zu Braunschweig u. a. m.

kräftig ockergelbem oder zitronenfarbigem Grunde Blaumalerei in ausgesparten Feldern zeigt. Diese wohl auf Meißen zurückgehende Fondfarbe, die u. a. durch eine Terrine der Sammlung Löhr (Abb. 2), drei Krüge der Sammlung Riesebieter, eine Vase im Berliner Schloßmuseum und eine auf vier Füßen ruhende Henkelschale im Hamburgischen Museum für Kunst und Gewerbe vertreten wird, scheint für eine bestimmte Gruppe Braunschweiger Fayencen, die zumeist noch der Hornschen Zeit angehören dürften, so charak-

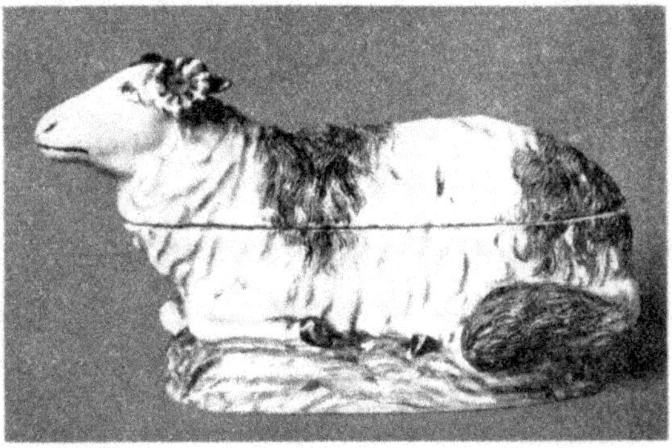

Abb. 18. Dose in Gestalt eines Widders. Marke IV.
Hamburg, Sammlung O. Blohm.

teristisch gewesen zu sein, daß von Falke [16]) nicht ohne Grund geradezu von „Braunschweiger Gelbgrundfayencen mit Blaumalerei" sprechen konnte.

Mögen somit auch viele unserer Fayencen in ihrer Formgestaltung oder ihrem Dekor von fremden Vorbildern mehr oder weniger angeregt und abhängig erscheinen, so gibt es doch auch wieder eine nicht geringe Zahl, die sich durch ihre besondere Schönheit und Eigenart zu einer künstlerischen Höhe erheben, wie man sie in der Fayencekunst nicht allzu häufig findet. Man braucht nur Arbeiten zu betrachten, wie z. B. die schon genannte 2,16 hohe Tüllen- oder Pagodenvase, ein seltenes Prachtstück aus der ersten Zeit der Manufaktur (Abb. 1), oder die durch die besonders saubere Ausführung ihres Dekors hervorragende kleine Terrine (Abb. 12), oder das hübsche eiförmige Kännchen mit den drei Adlerfüßen (Abb. 34) oder die schöne große Deckelvase mit den aufgeformten Rocaillen [17]), die einen Haupttyp der Braunschweiger Rokokovasen veranschaulicht (Abb. 13), oder das zierlich durchbrochene Blumenkörbchen (Abb. 7) oder die großen Rokokoblaker im Kestnermuseum mit den fein gemalten Darstellungen nach Nilsonschen Stichen, Arbeiten, denen sich in bezug auf künstlerische Qualität noch viele andere an die Seite stellen lassen: und man wird der Tüchtigkeit der

[16]) Altberliner Fayencen, Berlin 1923, S. 31.
[17]) Das Vasenmodell kommt bisweilen auch etwas abgeändert vor, so z. B. mit gitterförmigen Öffnungen auch an den Wandungen, die nach Mündener Art mit Vergißmeinnichts belegt sind, mit astförmigen Henkeln und einem Vogel als Deckelknauf. Siehe z. B. Auktionskatalog der Sammlung Brennfleck (Mai 1912), Nr. 135.

Braunschweiger „Fabrikanten“ die verdiente Anerkennung nicht versagen dürfen.

Nur auf dem Gebiete der figürlichen Plastik vermag sich diese ältere Braunschweiger Manufaktur wenigstens bis etwa 1757 weder mit ihrer Braunschweiger Konkurrentin noch mit manchen andern auswärtigen

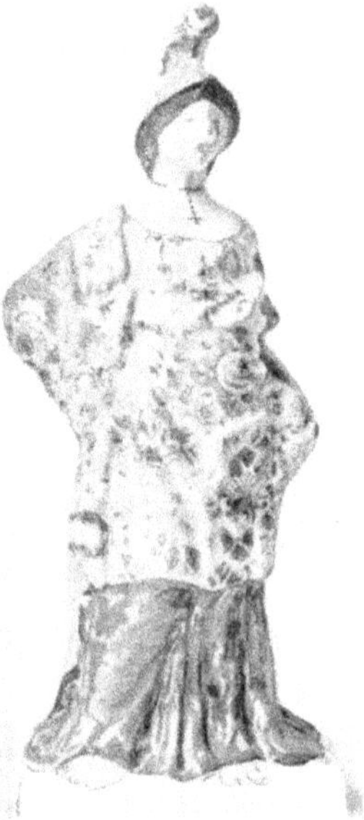

Abb. 16. Minervastatuette, blau bemalt. Marke I. Braunschweig, Sammlung Löbr.

Abb. 17. Neptun, farbig bemalt. Unbez. Braunschweig, Sammlung Löbr.

zu messen. Die nicht selten vorkommenden Dosen und Gefäße in Form von allerlei Tieren, wie Widder (Abb. 15), Kuh, Hund, Ente, Truthahn (Abb. 44) usw. oder auch von Spargelbünden[18]) und Früchten können, mögen sie auch noch so vortrefflich im Einzelnen ausgeführt sein, doch zumeist nur als mehr oder weniger freie Kopien fremder Modelle bewertet werden; die übrigen Figuren aber, wie z. B. eine kleine, mit der Marke versehene und noch in mehreren Wiederholungen erhaltene Minerva (Abb. 16) oder die Neptunstatuette der Sammlung Löhr (Abb. 17), von der das Städtische Museum zu Braunschweig eine unbemalte, aber signierte Wiederholung besitzt, und noch manche andere, die, sei es bezeichnet oder auch unbezeichnet, nach ihrem ganzen Charakter ebenfalls hierher gehören[19]),

[18]) Ein ähnliches Modell z. B. auch als Wiesbadener Fayence. cf. Riesebieter a. a. O., Abb. 64.

[19]) Siehe z. B. Stöhr a. a. O., Abb. 160a, Riesebieter a. a. O., Abb. 206. Andere Figuren im Städt. Museum zu Braunschweig (Siehe Verzeichn. Nr. 77—79), sowie in den Sammlungen W. Löhr und Riesebieter.

sind, soweit sie überhaupt als braunschweigische Fayencen mit einiger Sicherheit festgestellt werden können, fast sämtlich recht derb in der Modellierung und mitunter so unfein und flüchtig bemalt oder staffiert, daß sie hierin die stilistisch zulässige Grenze oft überschreiten und nur als mittelmäßige Leistungen der Fayenceplastik bezeichnet werden können. Zu

Abb. 18. Der Papageienkauf. Farbige Gruppe. Marke III. Hannover, Kestner-Museum.

den wenigen und seltenen Ausnahmen gehört die auch sonst sehr merkwürdige Gruppe „Der Papageienkauf" im Kestnermuseum zu Hannover, die schon durch die Abbildungen bei Stöhr und Riesebieter näher bekannt geworden ist (Abb. 18).

Fragen wir nun nach den Modelleuren dieser Figuren, so werden uns zwar für das Jahr 1757 die Namen eines Bossierers Lübbecke sowie der vermutlich gleichzeitig mit ihm in demselben Fache tätigen Pfeffer, Chely und Seifferding genannt, doch fehlt uns bisjetzt, von Chely abgesehen, jede Möglichkeit, Arbeiten von ihrer Hand mit Bestimmtheit nachzuweisen. Nur über Christoph Rudolf Chely, einen Sohn des Gründers der zweiten braunschweigischen Fayencefabrik, sind wir durch die Akten etwas besser unterrichtet. Dieser, dem wir später nochmals begegnen werden, hatte sich 1757 nach Auflösung des väterlichen Unternehmens zusammen mit seiner Frau bei der Hornschen Fabrik um Anstellung als „Poussierer" beworben. Beide werden zunächst auf Probe angenommen und zu ihrer weiteren Ausbildung der Leitung des damaligen Kommerzienrates von Pfeiff unterstellt. Hier fertigte Chely, wie überliefert wird, allerlei Figuren, unter denen besonders genannt werden Gärtner und Gärtnerin, Bettler und Bettlerin, Wiegen[20]), Pagoden (Abb. 19), Fruchtkörbe (Abb. 40 ?), Messerschalen, Melonen, Spargelbunde, Husaren, Perser, Weintrauben, Brustbilder, Butterdosen, Tauben auf dem Nest (Abb. 26) u. a. m. Ihm — und vielleicht auch seiner Frau — dürfen wir daher mit Recht einen großen Teil der seit

Abb. 19. Pagode, farbig bemalt. Modell von Chr. R. Chely. Marke IV. Ursprünglich im Kunsthandel zu Braunschweig.

1757 in der Hornschen Fabrik entstandenen plastischen Arbeiten und figürlichen Modelle zuweisen; ja es scheint, als ob hier erst von diesem Zeitpunkt an auch eine Besserung auf dem Gebiete der reinen Plastik eingetreten ist.

Etwas günstiger liegen die Verhältnisse bei den Malern zunächst schon insofern, als sich aus den in den Braunschweigischen Anzeigen veröffentlichten Kirchennachrichten wenigstens für den Zeitraum von 1745 bis 1756 eine größere Zahl von Malernamen, wie Martin Friedrich Vielstich[21]), Johann Vilgrab (Fielgraf), Heinr. Jacob Behrens, Behrend Adolf Mein-

[20]) Eine derartige, blau bemalte Wiege im Hamburgischen Museum für Kunst und Gewerbe steht hier allerdings unter den Braunschweiger Fayencen, doch dürfte sie schon allein wegen ihrer Marke nicht hierher gehören.

[21]) Nach einer Angabe im Kirchenbuche zu Lesum war dieser in Braunschweig gewesen und schon 1752 gestorben. Sein Sohn war der Gründer der Fayencefabrik in Aumund bei Vegesack. Vergl. Brinckmann, Hamburg. Museum für Kunst und Gewerbe, S. 335, W. Gerhold im Jahrbuch der bremischen Sammlungen 1911, S. 99 ff und Riesebieter a. a. O. S. 233.

burg, Joh. Michael Tieling, Sebastian Heinr. Kirche, Joh. Thiele Ziegenbein[22]), Ludw. Ferd. Wilhelm Heuer, M. H. Wachtel und Johann Paul Abel hat ermitteln lassen. Da diese aber dort ganz allgemein als „Porcellainmaler“ oder auch als „Maler an der Porcellainfabrique“ bezeichnet werden, läßt sich nicht immer und ohne weiteres sagen, in welcher von den beiden Fayencefabriken, der Hornschen oder der Chelyschen, sie beschäftigt waren. Doch leisten hier die in Verbindung mit der Fabrikmarke nicht selten vorkommenden Malersignaturen, in denen wir die Anfangsbuchstaben ihrer Namen zu erkennen haben, eine gewisse Hilfe, die es ermöglicht, Initialen wie B, V, M, T, K, Z, H, W und A, die uns auf Fayencen der von Hornschen und Hantelmannschen Fabrik — später treten an ihre Stelle meist Ziffern — begegnen, mit den obengenannten Malern in mehr oder weniger nahen Zusammenhang zu bringen.[23]) Da sich ferner auch die öfters vorkommende Signatur R auf den Namen des in der keramischen Literatur[24]) viel genannten Malers Joh. Caspar Ripp, der von etwa 1712 bis 1720 in der Hornschen Fabrik nachzuweisen ist, leicht und zwanglos deuten läßt, ist es immerhin eine nicht ganz geringe Zahl von Malern, deren Tätigkeit im Dienste der älteren braunschweigischen Manufaktur wir mit einiger Sicherheit verfolgen und an einer Reihe noch erhaltener Arbeiten genauer nachprüfen können. Von andern dagegen, wie z. B. Kirche und Heuer, vielleicht auch Wachtel, steht es fest, daß sie, worauf noch zurückzukommen sein wird, lange Zeit hindurch auch für die jüngere Chelysche Fabrik gearbeitet haben.

II. Die Chelysche Fabrik.

Während die ältere Braunschweiger Fayencefabrik eine fürstliche Gründung war und auch später, nachdem sie ihren Besitzer wiederholt gewechselt hatte, nochmals für eine längere Reihe von Jahren in fürstlichem Besitze sich befand, war die Chelysche Fabrik von Anfang an ein reines Privatunternehmen. Nachdem der Hauptmann und spätere Oberstleutnant Rudolf Anton Chely (Chelius, Gelius) im September 1744 um Überlassung eines alten, neben seinem Garten belegenen Hauses zum Bau eines Ofens, worin er „Porzellain und dergleichen Figuren“ brennen lassen könne, eingekommen war und das Haus zu diesem Zwecke erhalten hatte, bat er am 14. Dezember desselben Jahres in einer abermaligen Eingabe an Herzog Karl I. um die Erlaubnis, für sich und seine beiden Söhne Christof Rudolph und Georg Heinrich „eine echte und unechte Porcellain Fabrique auf weiß mit blau und allen andern Couleuren gemalten Glasuren“ anlegen und zugleich „Tabackspfeifen nach der holländischen Manier“ brennen zu dürfen. Erst am 15. Juni 1745 wurde ihm und zwar ihm allein und zunächst nur auf 10 Jahre das nachgesuchte Privileg auf „eine Porcellain und

[22]) Ein Thilo Ziegenbein begegnet uns auch unter den Malern der Wrisbergholzener Fabrik. cf. Riesebieter a. a. O., S. 214.

[23]) Andere Initialen, die ebenfalls auf Braunschweiger Fayencen begegnen, wie E, J, L, F, D, G sind bisjetzt noch nicht gedeutet.

[24]) Es mag hier nur wieder auf die Werke von Stöhr und Riesebieter verwiesen werden, aus denen hervorgeht, welche Rolle R. in der Geschichte der Keramik als typischer Vertreter des unsteten Arkanistentums seiner Zeit gespielt hat. Vergl. auch Chr. Scherer im „Kunstwanderer“ III (1921), S. 407.

holländische Tabackspfeifen Fabrik" erteilt, mit dem Hinzufügen, er möge sich auch die Herstellung des echten Porzellans angelegen sein lassen, wogegen ihm für alle von ihm verkauften Waaren bestimmte Procente und Verkaufsfreiheiten zugesichert werden sollten. Unter solchen Bedingungen wurde die Fabrik in seinem vor dem Wendentore belegenen Hause eingerichtet und daher zum Unterschied von der damals in der Beckenwerper-

Abb. 20. Faß, blau bemalt. Marke V.
Berlin, Schloß-Museum.

straße belegenen Hornschen Fabrik in allen Ankündigungen stets als die „Porcellainfabrik vor dem Wendentore" bezeichnet.

Im April 1740 arbeiteten hier als Dreher, Maler und Einschmelzer insgesamt 11 Personen und in demselben Jahre erschien in den Braunschweigischen Anzeigen eine Verkaufsankündigung, aus der zunächst hervorgeht, daß man schon damals — und also anscheinend einige Jahre früher als in der Hornschen Fabrik — neben der gewöhnlichen Blaumalerei auch die Verzierung mit farbigen Glasuren und die Malerei mit bunten Schmelzfarben ausübte; zugleich erfahren wir auch die Verkaufsniederlage beim Kaufmann Oldebroock am Jungfernstiege, auf die in einer zweiten, bald danach veröffentlichten Anzeige nochmals hingewiesen wird. Bei dieser Gelegenheit lernen wir auch einige der damals in der Fabrik angefertigten Waren kennen, wie „weiß und blaue oder mit Couleuren eingeschmolzene Aufsätze, oder Figuren von verschiedener Größe, oder Tafel-Service, Confekt-Aufsätze" (wohl Tafelaufsätze), worunter, wie wir noch sehen werden, besonders die Aufsätze oder Vasengarnituren und Figuren einen wichtigen Bestandteil der Fabrikation bildeten. Dazu kamen noch Porzellanöfen verschiedener Art, Gartentöpfe, Potpourris, „mit allerhand Zieraten belegte Butterdosen" sowie Fruchtkörbe (Abb. 40 ?) und Fruchtteller, die später, besonders zur Zeit der Messe, ein sehr gesuchter Artikel gewesen zu sein scheinen.

Über die ferneren Schicksale der Fabrik sind wir im einzelnen nicht genauer unterrichtet; doch dürfte dieselbe, wie so manche ähnliche Unternehmung, bei dem chronischen Mangel an Kapital und dem beständigen Kampfe mit der Konkurrenz wohl keinen leichten Stand gehabt haben.

Abb. 21. Kürbisvase, farbig bemalt. Marke V. 26,1 cm hoch.
Hamburg, Museum für Kunst und Gewerbe.

Denn obwohl die Zahl des Personals allmählich auf 19 gestiegen war, sank sie doch schon 1749 wieder auf ihre alte Höhe herab; ja es scheint sogar, als ob der Betrieb im Anfang der 50er Jahre, wenn auch nur vorübergehend, ernsthaft gefährdet gewesen sei, da man sich damals genötigt sah, dem Publikum ausdrücklich bekannt zu geben, daß die „Porcellainfabrique vor dem Wendentore hierselbst nach wie vor fortgesetzet und das freye Commerciren mit allerhand, in selbiger fabricirten Porcellainwaaren continuire“. Als dann aber dem Inhaber der Fabrik durch ein Rescript vom 28. November 1754 sein Privilegium auf abermals 10 Jahre unter gewissen Bedingungen erneuert werden sollte, scheint Chely diesem Vorschlag, hauptsächlich wohl mit Rücksicht auf sein Alter und den schlechten Stand des Unternehmens, nicht näher getreten zu sein. Ob aber seiner Bitte, man möge ihm das Privilegium auf einige Jahre frei verlängern, entsprochen worden ist, entzieht sich unserer Kenntnis; doch dürfte

Abb. 22. Deckelvase, bemalt mit blauen Blumen auf graugrünem Grunde. Marke V. Braunschweig, Sammlung Löbr.

dies wahrscheinlich der Fall gewesen sein, da Chely am 25. Juni 1750 anzeigt, daß er zu seiner Hilfe seinen jüngsten Sohn aus Wismar habe kommen lassen. Damit schließen die Nachrichten über das Chelysche Unternehmen, sodaß zu vermuten ist, daß dieses bald danach, vielleicht infolge der inzwischen erfolgten Übernahme der älteren Fabrik durch den Staat, eingegangen sein wird.[25])

Wie über die Fabrik selbst, so wußte man auch über ihre Erzeugnisse lange Zeit so gut wie nichts. Nachdem es aber inzwischen gelungen

[25]) Aus den Braunschweig. Anzeigen 1770, Sp. 1084 und 1108, erfahren wir noch, daß der Oberstleutnant Rudolf Anton Chely am 12. Nov. 1770 im 78. Lebensjahre gestorben und am 16. Nov. begraben ist. Ebendort Sp. 1149 wird auch der Verkauf der Chelyschen Häuser am Wendentor und Nickelnkulk angezeigt.

ist, ihre Marke festzustellen, hat sich auch eine große Anzahl Chelyscher Erzeugnisse ermitteln lassen, sodaß wir heute imstande sind, uns eine einigermaßen klare Vorstellung auch von den Leistungen dieser zweiten Braunschweiger Fabrik zu verschaffen.

Was zunächst ihre Marke betrifft, so besteht dieselbe aus zwei gegenständig verschlungenen C, die bald in Schwarz, bald in einem mehr oder weniger dunkelm Manganviolett oder Blau, seltener wohl auch in Grün aufgemalt und, ähnlich wie zum Beispiel in Niederweiler, als der

Abb. 23. Butterdose in Gestalt einer Ente, farbig. Marke V. Oldenburg, Sammlung Riesebieter.

Marke V

doppelte Anfangsbuchstabe des Namens Chely zu deuten sind. Es ist also, rein äußerlich betrachtet, dieselbe Marke, die wir aus Ludwigsburger und Niederweiler Fayencen kennen, und dieser Umstand wird die Hauptursache gewesen sein, daß man ursprünglich und lange Zeit hindurch auch in den Chelyschen Fayencen Erzeugnisse jener beiden süddeutschen Manufakturen vermuten konnte. Dem stehen jedoch — ganz abgesehen von ihrer Herkunft, für die bei der Mehrzahl der erhaltenen Stücke Braunschweig selbst feststeht, und ihrem, fast allein auf Nord- und Mitteldeutschland beschränkten Verbreitungsgebiet — vor allem Bedenken technischer Art entgegen. So ist es die besondere Art des Scherbens mit seinem, so zu sagen, blechernem Klang, die weniger dichte und mit feinen Rissen durchsetzte, oft grünlich-blaue Glasur sowie die mitunter recht flüchtige Art der Malerei mit dicken blasigen Farben, kurz ihre ganze technische Beschaffenheit, die in Verbindung mit ihrem unverkennbar niederdeutschen Charakter diese Fayencen von vornherein von den technisch wie künstlerisch höher stehenden Ludwigsburger und Niederweiler Erzeugnissen ganz wesentlich unterscheidet, die sie zugleich aber auch wieder den Erzeugnissen der älteren Braunschweiger Fayencefabrik so nahe verwandt erscheinen läßt, daß man mit Recht auf eine gemeinsame örtliche Herkunft schließen konnte.

Außer diesen technischen Merkmalen fehlt es aber auch nicht an einem gewissermaßen beglaubigten Beweisstück für die Braunschweiger Herkunft dieser so signierten und technisch so gearteten Fayencen. Das Berliner Schloßmuseum besitzt nämlich ein Fayencefaß, das aus verschiedenen Gründen besondere Beachtung verdient (Abb. 20). Das Faß, dessen Länge 72 cm und dessen größter Durchmesser 51 cm beträgt, ist von sechs bezw. sieben, die Reifen nachahmenden Riefelungen umgeben, die drei Bänder, in

Abb. 24. Vase, blau bemalt. Marke V.
Braunschweig, Sammlung Löbr.

der Mitte ein breites, an den Rändern je ein schmales, freilassen. Diese Bänder sind in Kobalt bemalt, in der Mitte mit zwei weiblichen Figuren allegorischen Charakters zwischen ziemlich derbem Laub- und Bandwerk, an den Rändern mit barockisierenden Ornamenten; ebenso sind die Tonnenböden bemalt und zwar einerseits mit der Darstellung von Herkules und Omphale, anderseits mit einer längeren Versinschrift,[26]) die nur auf das braunschweigische Fürstenhaus und insbesondere auf die Herzogin Christine Luise, die Gemahlin Herzog Ludwig Rudolfs, bezogen werden kann. Unter dieser Versinschrift aber steht die bekannte, aus zwei C gebildete Marke nebst „Anno 1747". Im November dieses Jahres starb die in jener Inschrift gefeierte Fürstin und es scheint demnach, als ob dieses Faß, gefüllt mit

[26]) Vergl. meinen obigen Aufsatz über die Fabrik, S. 274 und Riesebieter a. a. O., S. 204, wo jene Inschrift abgedruckt ist.

edlem Wein, ihr zu ihrem letzten Geburtstag überreicht worden sei und zwar vermutlich durch die Chelysche Fabrik selbst, die damals auf der Höhe ihres Betriebes stand und durch ein solches Prunkstück wohl nicht nur einen Beweis ihrer Leistungsfähigkeit im allgemeinen geben, sondern sich wohl auch der besonderen Gunst des Hofes empfehlen wollte. Daß aber solche Fässer gerade in der Chelyschen Fabrik gewissermaßen als Spezialität angefertigt

Abb. 28. Vase, bunt bemalt. Marke V.
Hannover, Kestner-Museum.

worden sind, beweist eine Notiz in den Braunschweigischen Anzeigen 1759, Sp. 1012 und 1228, wo unter verschiedenen Sachen, die „bey dem jüngsten Herrn Chely am Wendentore" zum Verkauf stehen, auch „ein Porcellainenes Faß" bezw. „ein blau und weiß gemaltes Faß in Porcellain" erwähnt werden. Es kann daher keinem Zweifel unterliegen, daß es sich bei den hier in Rede stehenden Fayencen nicht um Ludwigsburger oder gar um Niederweiler, die schließlich beide auch aus zeitlichen Gründen nicht in Frage kommen können,[27]) sondern tatsächlich nur um Erzeugnisse jener Braunschweiger Fabrik von Christof Rudolf Chely handelt.

Unter diesen Erzeugnissen nun scheinen gewisse Luxuswaren und unter ihnen besonders Vasen einen bevorzugten Platz eingenommen zu haben, von denen uns noch eine ganze Anzahl in den verschiedensten Sammlungen erhalten geblieben ist. Sie sind mit wenigen Ausnahmen, zu denen unter anderen die schöne Kürbisvase im Hamburgischen Museum für Kunst und Gewerbe (Abb. 21) gehört, von einer etwas plumpen und schweren

[27]) In Ludwigsburg wurde erst 1757 planmäßig die Herstellung von Fayencen betrieben, während die CC Marke auf Niederweiler Fayencen erst seit 1770 erscheint cf. Stöhr a. a. O., S. 257, 263.

Form (Abb. 22), die sich öfters an ostasiatische Vorbilder anlehnt. Von Gebrauchsgeschirr, das hier auch offenbar nicht jene Rolle spielte wie in den meisten anderen Fabriken, ist dagegen bisjetzt nur wenig bekannt, darunter zwei große ovale Deckelterrinen mit ohrförmigen Doppelhenkeln oder Knöpfen an deren Stelle sowie mit Deckelknopf, der bei der einen durch eine Zitrone ersetzt wird (Abb. 47),[28]) und zwei Butterdosen in Gestalt eines Kaninchens (Herzog Anton Ulrich-Museum) bezw. einer auf einer Schüssel sitzenden Ente (Abb. 23),[29]) die freilich schon nach ihrem ganzen Charakter

Abb. 26. „Taube auf dem Nest“; farbig bemalte Dose, wohl von C. R. Chely modelliert. Marke V. Braunschweig, Sammlung Löhr.

mehr in das Gebiet der reinen Plastik gehören. Auffällig ist bei mehreren dieser Fayencen eine kleisterblaue Glasur, die bisweilen einen starken Stich ins Grüne zeigt. Wie schon diese, oft auch noch gekörnte oder stumpfe Glasur auf gewisse Unzulänglichkeiten der Technik zurückzuführen ist, so entbehrt auch die Bemalung nicht selten einer höheren technischen und künstlerischen Fertigkeit. Das gilt allerdings weniger von den in Blau nach Delfter Art bemalten Stücken, unter denen einige, wie z. B. jenes Faß, das nach Form wie Dekor überhaupt eine Ausnahme bildet, oder wie eine schöne Deckelvase im Städtischen Museum zu Braunschweig mit barockem Laub- und Bandwerk und zwei Landschaften in Kartuschen (Abb. 46) oder wie eine nicht minder schöne Vase der Sammlung Löhr, die im gleichen Ornamentstil und von der Hand desselben Malers W. dekoriert ist (Abb. 24), durch den Reichtum wie durch den Geschmack und die Sorgfalt ihres Dekors besondere Beachtung verdienen. Wo es sich dagegen um farbigen Schmuck handelt, macht sich — von einzelnen Ausnahmen (Abb. 25) abgesehen — häufig nicht nur eine gewisse Unsicherheit in der Zeichnung, sondern auch eine etwas unerfreuliche Art der Malerei in dicken, blasigen, oft auch grisseligen Farben bemerkbar, wie sie schon oben kurz gekennzeichnet wurde. Charakteristisch für die Farbengebung ist hierbei ein

[28]) Die andere ist abgebildet in meinem oben erwähnten Aufsatz, Abb. 65.

[29]) Abgebildet auch bei Riesebieter a. a. O., Abb. 304, sowie in meinem Aufsatz über die Chelysche Fabrik, Abb. 69.

dunkles, fast schwärzliches Manganviolett und gelegentlich ein etwas trockenes Ziegelrot, neben dem Grün, Blau und Gelb in ihren mannigfachen Abstufungen am häufigsten begegnen.

Der verschiedenartige Charakter der Zeichnung und Malerei hängt natürlich, wie fast immer, so auch hier mit der individuellen Geschicklichkeit und Begabung der einzelnen Maler eng zusammen. Was die letzteren bezw. ihre Namen betrifft, so sind wir auf das Wenige angewiesen, was

Abb. 27. Dose in Melonenform, farbig, wohl von C. R. Chely modelliert. Marke V. Oldenburg, Sammlung Riesebieter.

die Kirchenbuchnotizen darüber enthalten, von denen schon bei Besprechung der an der älteren Fabrik beschäftigten Maler ausführlicher die Rede war. Von den dort genannten ist bisjetzt allein Sebastian Heinrich Kirche als Maler an der Chelyschen Fabrik nachzuweisen, da sich zufällig über ihn eine Akte vom 13. Januar 1750 erhalten hat, aus der dies mit Sicherheit hervorgeht. Da aber Kirche bereits 1746 und wohl auch noch über 1750 hinaus an der Fabrik beschäftigt war, werden wir die Arbeiten mit dem Malerinitial K wohl als Arbeiten seiner Hand betrachten dürfen. Zu ihnen gehört z. B. eine blaue dekorierte Terrine, deren Oberfläche mit Sternchenquadrillierung, in der vier paßförmige Felder mit Blumen ausgespart sind, völlig bedeckt ist[39]) (Abb. 48), sowie eine schöne Vase im Kestnermuseum, die mit bunter Malerei, wachsenden Blütenstauden und Paradiesvögeln nach ostasiatischem Vorbild, verziert ist (Abb. 25). Andere Arbeiten, wie z. B. eine birnförmige Vase mit farbigen Blumen und Blütenzweigen (Braunschweig, Städtisches Museum-Verz. Nr. 179), ferner eine in Blau bemalte Blumenvase (Braunschweig, Vaterländisches Museum), sowie zwei Vasen der Sammlung Riesebieter wird man wohl auf Grund ihrer Malerinitialen H bezw. M als von Heuer bezw. Meinburg herrührend ansprechen dürfen, während

[39]) Eine Abbildung in meinem oben angeführten Aufsatz über die Fabrik Abb. 65.

sich der Buchstabe W auf den beiden oben erwähnten Vasen im Städtischen Museum zu Braunschweig und in der Sammlung Löhr vielleicht mit dem Namen des 1762 nachweisbaren „Porcellainmalers" M. H. Wachtel in Verbindung bringen läßt, von dessen Hand sich ein bezeichneter und

Abb. 28. Mohrenpaar, farbig. Marke V. Oldenburg, Sammlung Riesebieter.

1766 datierter Krug, der jedoch die B-Marke der älteren Fabrik trägt, in braunschweigischem Privatbesitz befindet. Da aber die Signatur dieses Malers ebenso wie diejenige seines Kollegen K (Kirche) nicht nur auf Chelyschen Erzeugnissen, sondern auch auf solchen der älteren Fabrik mehrfach nachzuweisen ist, wäre es nicht ausgeschlossen, daß beide Maler entweder zeitweilig sowohl für die Hornsche als auch für die Chelysche Fabrik gearbeitet oder daß sie — was wahrscheinlicher sein dürfte — schon vor der Gründung der letzteren und dann wiederum nach ihrer Auflösung im Dienste der älteren braunschweigischen Fabrik gestanden haben. Wie dem aber auch sei, jedenfalls gehörten beide, wie ihre noch erhaltenen Arbeiten zeigen, zu den tüchtigsten Kräften, welche die gesamte braunschweigische Fayencemalerei überhaupt je beschäftigt hat.

Was übrigens Kirche betrifft, so könnte derselbe, wie in Vegesack, Jever und Kellinghusen, wo er später Beschäftigung fand,[31]) so auch schon

[31]) Siehe Riesebieter im „Cicerone" VII (1915), S. 432 und a. a. O., S. 432, 290 ff.

in Braunschweig bei der Chelyschen Fabrik nicht nur als Maler, sondern auch als Modelleur und Bossierer gearbeitet haben, sodaß ihm vielleicht ein Teil der besseren Figurenmodelle und sonstigen plastischen Arbeiten, in denen eine besondere Stärke der Fabrik gelegen zu haben scheint, wird zugeschrieben werden können.

Abb. 29. Marketenderin, farbig. Marke V.
Leipzig, Städt. Kunstgewerbe-Museum.

Und gerade diese plastische Seite ihrer Fabrikation verdient eine weit höhere Beachtung als ihr bisher zuteil geworden ist. Insbesondere sind es allerlei freigeformte und naturalistisch bemalte Früchte, die entweder den flachen schalenförmigen Deckel eines Gefäßes völlig bedecken (Verzeichnis Nr. 180) oder wohl auch, auf einer Schüssel angeordnet, eine Dose in Gestalt einer brütenden Taube oder Ente (Abb. 26, 23) oder auch einer Melone (Abb. 27) umgeben. Fayencen dieser Art scheinen aber neben Vasen zeitweilig geradezu eine mit Vorliebe gepflegte Spezialität der Chelyschen Fabrik gewesen zu sein, obwohl sie bekanntlich auch in anderen Fayencefabriken nicht selten angefertigt wurden. Als Urheber der meisten dieser zwar eines gewissen originellen Reizes nicht entbehrenden, aber auch häufig etwas gekünstelt erscheinenden Arbeiten kommt wohl an erster Stelle der schon genannte Sohn des Gründers der Fabrik Christoph Rudolf Chely in Betracht, der ein vielseitiger, in den meisten Zweigen der Fayencefabrikation wohlbewanderter Mann gewesen sein muß, da er sich nicht nur mit der Bereitung einer weißen Glasur nach Straßburger Art und der Herstellung von Emailfarben befaßte, sondern auch vor allem die Kunst des Bossierens in umfangreichem Maße ausübte und zwar zunächst an der Fabrik seines Vaters, seit 1757 aber an der Hornschen Fabrik, an die er, wie wir sahen, nach der Auflösung jener übergegangen war.

Welcher Art die von ihm (vielleicht mit Hilfe seiner Frau) bossierten Arbeiten waren, haben wir bereits oben genauer kennen gelernt. Vermutlich

Abb. 39. Leopard, farbig. Marke V.
Braunschweig, Herzog Anton Ulrich-Museum.

sind aber die dort erwähnten figürlichen und sonstigen Modelle zu einem großen Teil schon während seiner Tätigkeit an der väterlichen Fabrik entstanden und, da sie offenbar Beifall fanden und gern gekauft wurden, dann später von ihm an seiner neuen Arbeitsstätte immer wieder ausgeformt und nach- bezw. umgebildet worden (Abb. 40[32]). So erklärt es sich wohl auch, daß wir bisweilen und besonders unter jenen naturalistisch gestalteten Dosen eine gewisse Übereinstimmung der Modelle beider Fabriken beobachten können, auf die schon Riesebieter[33]) hingewiesen hat. Daß auch sonst mancherlei Wechselbeziehungen zwischen ihnen bestanden haben werden, läßt sich ohne weiteres schließen, selbst wenn man davon absieht, daß sich gelegentlich auch im Dekor der beiderseitigen Waren verwandte Anklänge finden, wobei man jedoch nicht immer gleich an eine förmliche Auswechselung der Maler zu denken braucht. Übertragungen von Modellen oder Dekorationsmotiven von einer Fabrik an eine andere waren ja in jener Zeit des unsteten Arkanistentums und ruhelosen Wanderns der Künstler von Fabrik zu Fabrik keine Seltenheit, und so darf es nicht wundernehmen, wenn wir auch unter den Chelyschen Erzeugnissen ein Butterdosenmodell in Gestalt

[32]) Für eine solche Nach- bezw. Umbildung halte ich ferner eine Dose in Gestalt einer Traube, die, von allerlei Früchten umgeben, auf einem Teller liegt, in der Sammlung O. Blohm in Hamburg.

[33]) Wechselbeziehungen der Braunschweigischen Fayencefabriken im „Cicerone“ VI (1914), S. 309 ff.

einer auf einer Schüssel sitzenden und von allerlei Früchten umgebenen Ente (Abb. 23) finden, das ähnlich, jedoch ohne die Schüssel mit den Früchten, in einer Fayence von Groß-Stieten bei Wismar wiederkehrt, die sich jetzt im Landesmuseum zu Schwerin befindet.[34]) Diese Ähnlichkeit beider Modelle ist aber im vorliegenden Falle um so weniger auffällig, als wir wissen, daß es ein gewisser Christoph Ludwig Chelii (Chely) war, der 1753 jene Groß-Stietener Fabrik gegründet hatte, dann aber, als dieselbe

Abb. 31. Büstchen Herzog Karls I v. Braunschweig, modelliert von C. R. Chely. Marke V. Braunschweig, Herzog Anton Ulrich-Museum.

schon im folgenden Jahre wieder eingegangen war, bald darauf nach Wismar übersiedelte. Es liegt nun nahe, in ihm jenen „jüngsten" Sohn des Gründers der Braunschweiger Fabrik wiederzuerkennen, den letzterer, wie wir bereits hörten, 1756 zu seiner Unterstützung aus Wismar hatte kommen lassen. Indessen kann derselbe keinesfalls, wie Stöhr und Riesebieter[35]) vermuten, mit dem schon mehrfach erwähnten Modelleur und Bossierer identisch gewesen sein, da dieser, vom Vornamen ganz abgesehen, vielmehr der älteste Sohn gewesen sein dürfte und offenbar schon lange vor jenem Zeitpunkt (1756), ja vermutlich schon gleich bei Gründung der Fabrik an letzterer beschäftigt war. Auf ihn und seine Tätigkeit müssen wir aber nunmehr nochmals kurz zurückkommen.

[34]) Siehe Kunstgewerbeblatt N. F. V, S. 88 und Stöhr a. a. O., Abb. 240.
[35]) Stöhr a. a. O., S. 347, Riesebieter a. a. O., S. 200 f.

Daß dieser Chely neben figürlichen Gebrauchsfayencen der näher gekennzeichneten Art auch Figuren von selbständiger Bedeutung gefertigt hat, haben wir bereits aus dem kurzen Verzeichnis der von ihm ausgeführten Arbeiten nach seinem Übertritt in die Hornsche Fabrik ersehen. Wir dürfen ihm daher wohl mit Recht auch eine Anzahl Figuren zuweisen, die, sämtlich mit der Chelymarke bezeichnet, untereinander nahe verwandt sind und sich auch gegenständlich zum Teil mit den Figuren jenes Verzeichnisses berühren. Vier paarweis zusammengehörige, nämlich ein Hausierer und eine Hausiererin, sowie ein Neger und eine Negerin (Abb. 28), befinden sich in der Sammlung Riesebieter, während die Figur eines Handwerkers aus dem Schlosse zu Blankenburg[36]) dem Herzog Anton Ulrich-Museum zu Braunschweig und die einer Marketenderin dem Städtischen Kunstgewerbemuseum zu Leipzig[37]) (Abb. 29) angehören. Die in lebhaften und teilweise kräftigen Farben bemalten Statuetten, von denen das wundervolle Mohrenpaar wohl an erster Stelle steht, sind ganz im Charakter der Porzellanfiguren gehalten, dem Wesen des Materials entsprechend aber derber und ohne die bis in alle Einzelheiten sorgfältige Ausführung, wie sie jenen im allgemeinen eigen zu sein pflegt. Stilistisch nahe verwandt mit jenen Statuetten ist ferner die köstliche Figur eines sitzenden Panthers, zu der sich in der Sammlung Löhr ein Gegenstück befindet (Abb. 30);[38]) doch tritt hier die stilvolle Behandlung des Materials noch schärfer in die Erscheinung, sodaß gerade dieses Werkchen als ein besonders gutes Beispiel echter Fayencekunst mit all ihren Vorzügen und, wenn man will, auch mit ihren Mängeln bezeichnet werden kann.

Während sich aber alle diese Figuren immerhin nur vermutungsweise auf unsern Künstler zurückführen lassen, kennen wir wenigstens ein Werkchen dieser Art, das ihm mit Sicherheit zugesprochen werden kann. Es ist dies eine kleine Büste, die vor einiger Zeit aus der Sammlung Löhr als Geschenk dem Herzog Anton Ulrich-Museum überwiesen worden ist (Abb. 31). Das 0,105 hohe, weiß glasierte Büstchen, das ohne Zweifel den Herzog Karl I. von Braunschweig darstellt, ruht auf einem viereckigen, hellblau gesprenkelten Sockel, der an den Ecken mit je einem Volutenband, vorn aber sowie an den Seiten mit plastischen buntfarbigen Früchten, ähnlich also wie bei einer bestimmten Gruppe jener naturalistischen Fayencen, verziert ist. So macht das kleine Werk, das die Marke der Chelyschen Fabrik in Mangan trägt, mit der bunten Farbigkeit seines Sockels, zu dem das Weiß der Büste einen pikanten Gegensatz bildet, einen ungewöhnlich frischen und originellen Eindruck, und wenn man auch im Zweifel sein mag, ob gerade die Fayence mit ihrer, die Schärfe der individuellen Züge aufhebenden Glasur ein geeignetes Material für Bildnisbüsten so kleinen Formates sein dürfte, wird man doch im vorliegenden Falle dem Künstler die verdiente Anerkennung nicht versagen können. Ja, es möchte fast scheinen, als ob er auch selbst besonders stolz auf diese Leistung gewesen sei, da sich an der platten Rückseite des Sockels eine, aus den groß und breit eingegrabenen Buchstaben CRC gebildete Bezeichnung befindet, die nur als die Signatur unseres Christoph Rudolf Chely gedeutet werden

[36]) Abgebildet bei Stöhr a. a. O., Abb. 100.
[37]) Abgebildet auch in meinem Aufsatz über die Chelysche Fabrik, Abb. 70.
[38]) Zwei weitere Exemplare besitzt Herr Otto Blohm in Hamburg.

kann. Mag es auch dahin gestellt bleiben, ob unter den im Verzeichnis seiner Arbeiten erwähnten „Brustbildern" Reliefbildnisse in Medaillonform, woran man wohl zunächst denken möchte, oder Büsten wie die vorliegende zu verstehen seien und ob wir alsdann in letzterer vielleicht ein Beispiel jener „Brustbilder" zu erkennen haben werden, so kann es doch keinem Zweifel unterliegen, daß Christoph Rudolf Chely der Modelleur unseres Büstchens gewesen und daß uns in diesem bis auf weiteres das einzige gesicherte Werk seiner Hand hinterlassen worden ist.

Verzeichnis der Sammlung

Braunschweiger Fayencen

im

Städtischen Museum zu Braunschweig

Vorbemerkung

Das nachfolgende Verzeichnis umfaßt den gesamten Bestand an Braunschweiger Fayencen, der sich gegenwärtig im Städtischen Museum zu Braunschweig befindet. Es enthält daher nicht nur die dem Museum selbst gehörigen Stücke, sondern auch diejenigen, welche als Leihgaben des Vaterländischen und des Herzog Anton Ulrich-Museums zu Braunschweig bis auf weiteres dort aufbewahrt werden. Natürlich konnten diese verschiedenen Bestandteile nicht voneinander getrennt und jeder für sich aufgeführt werden; sie mußten vielmehr aus Zweckmäßigkeitsgründen in die allgemeine Anordnung eingereiht und miteinander verschmolzen werden, doch ist bei den betreffenden Stücken stets Herkunft und Zugehörigkeit genau vermerkt worden.

Als Vorarbeiten dienten mir die Inventarnotizen des Museums, die, obwohl sie einem langen Zeitraum angehören und höchst ungleichmäßig abgefaßt sind, doch — und das gilt besonders von den in der letzten Zeit durch Herrn Dr. Jesse angefertigten Inventarzetteln — eine wertvolle Unterlage für meine Beschreibung bildeten. Bei dieser selbst habe ich mich einer möglichsten Kürze befleißigt, stets aber darauf gesehen, daß die Klarheit und Anschaulichkeit nicht darunter zu leiden hätten.

Um schließlich noch ein Wort zur Anordnung des Stoffes zu sagen, so war dieselbe ja im allgemeinen gegeben und nur bei den beiden umfangreichsten Gruppen, nämlich den Fayencen der Horn-Hantelmannschen und den, mit der B-Marke bezeichneten Fayencen der zweiten „Fürstlichen" und Rabeschen Periode, bestanden gewisse Schwierigkeiten. Aus praktischen Erwägungen habe ich mich zuletzt entschlossen, die Fayencen jener ersten Gruppe im Wesentlichen nach den hier sehr häufig vorkommenden Malermarken aufzuführen, die der zweiten dagegen, bei denen solche Nebenmarken nur noch selten begegnen, vorwiegend nach ihrer ursprünglichen Zweckbestimmung zu unterscheiden und demgemäß in Gebrauchs- und Luxusfayencen, unter welch letzteren hauptsächlich Vasen, Figuren und Ähnliches zu verstehen sind, einzuteilen. Auf diese Weise konnte hier alles Gleichartige bequem und übersichtlich zusammengefaßt werden. Chr. Sch.

I. Die „Fürstliche" oder die sog. Hornsche Fabrik.

A. Horn-Hantelmannsche Periode (1707–1749).

1. (Caa 2 Nr. 194.)*) Vase, eiförmig, mit hoch gewölbtem Knopfdeckel. Bemalt in Blau ringsum mit einer mit Gebäuden besetzten und von zahlreichen Figuren belebten Hügellandschaft; nach unten abgeschlossen durch ein einfaches Behangmuster. Um den Deckel ähnliche Landschaft. 28 cm hoch (ohne den ergänzten Knopf). Der niedrige Halsansatz zum Teil ergänzt.

Bezeichnet in Blau: Marke I und W 2 (Hornsche Periode und vielleicht bemalt von M. H. Wachtel). (Abb. 32, 1.)

2. (Caa 2 Nr. 459.) Deckelvase in schlanker Birnform mit niedrigem Fuß, der vom Körper scharf abgeschnürt ist, und hoch gewölbtem Deckel mit Knauf. Körper, Fuß und Deckel senkrecht gerippt; Mündung und Deckelrand achteckig. Bemalt in Blau mit Streublumen und dazwischen mit feiner Punktmusterung. 33 cm hoch.

Bezeichnet in Blau: Marke I und W (M. H. Wachtel [?]).

3. (Caa Nr. 479.) Kleine Vase, eiförmig, mit geschweiftem Fuß, am Rande wulstartig umgebogenen Hals und zwei Volutenhenkeln, die am Mündungsrand ansetzen. Blau bemalt mit einem, aus Gitterwerk in Dreiecken und Blattwerk bestehenden Behangmuster, am Fuß mit Zickzackmuster. Henkel und Hals einfach staffiert. 22 cm hoch.

Bezeichnet in hellem Blau: Marke I und W (Hornsche Periode und vielleicht von M. H. Wachtel bemalt).

Leihgabe des Vaterl. Museums Nr. 599 (Liste Nr. 32)**).

4. (Caa 2 Nr. 554.) Vase, eiförmig, mit niedrigem, geschweiftem Fuß, kurzem Hals mit umgeschlagenem Mündungsrand und zwei, an letzterem ansetzenden Volutenhenkeln. Bemalt in Blau beiderseits mit Landschaftsmotiven in chinesischer Art: wachsende Blütensträucher umgeben ein torähnliches Felsgebilde, das ein Wasserfall durchbricht. Am Fuß Zickzackornament, am Hals und inneren Mündungsrand leichte Ranken und Schnörkel; die Henkel staffiert. 23 cm hoch. (Abb. 32, 4.)

Bezeichnet in Blau: Marke I und W (?). (Hornsche Periode).

5. 6. (Caa 2 Nr. 232. 233.) Zwei Vasen, eiförmig, mit geschweiftem Fuß, niedrigem Hals und zwei, am Mündungsrand ansetzenden Volutenhenkeln. Bemalt in Blau am Körper mit Architekturlandschaften, am Fuß mit Zickzackmuster. 17 cm hoch. Hals und Henkel bei beiden ergänzt.

Bezeichnet in Blau: Marke I und Z (Hornsche Periode).

7. 8. (Caa Nr. 475. 478.) Zwei Vasen, eiförmig, mit scharf abgeschnürtem, niedrigem Fuß, kurzem Hals mit plastischem Reif in der Mitte und zwei, am umgebogenen Mündungsrand ansetzenden Volutenhenkeln. Bemalt in Blau mit Streublumen, Punktmustern usw., am Fuß mit Zickzackmuster, am Hals mit dünnen Ranken. Die Henkel staffiert. 17,5 cm hoch.

---

*) Inventarnummer des Museums. **) Liste der dem Städtischen Museum vom Vaterländ. Museum überlassenen Leihgaben.

Nr. 475 bezeichnet in Blau: Marke I und Z 1; Nr. 478 unbezeichnet. Leihgabe des Vaterl. Museums Nr. 44. 192 (Liste Nr. 1. 10).

9. (Caa Nr. 472.) Vase, in Flaschenform, achtseitig, senkrecht geriefelt, mit abgesetztem, leicht geschweiftem Fuß, kugeligem Körper und langem, scharf abgeschnürtem Hals. Bemalt in dunkelem Blau mit schwärzlichen Umrissen: Am Fuß und Hals mit Behangmuster, um den Körper mit Landschaft mit Häusern und figürlicher Staffage. 29 cm hoch. (Abb. 33, 9.)

4 1 12

Abb. 32. Drei Vasen mit Blaumalerei. Marke I (früheste Zeit). Städt. Museum (Verz. Nr. 1. 4. 12).

Bezeichnet in dunkelem Mangan: Marke I und R (Hornsche Periode und vielleicht von J. C. Ripp bemalt).

Leihgabe des Vaterl. Museums Nr. 880 (Liste Nr. 64).

10. (Caa 2 Nr. 499.) Runde Schüssel, bemalt in kräftigem Blau: An Rand und Hohlkehle abwechselnd Felder mit Chinesenfiguren in Landschaft und solche mit stilisierten Blüten; im Spiegel in achteckigem Feld zwei Chinesen auf landschaftlichem Grunde. 34,5 cm Durchmesser. Kleiner Riß gekittet und genietet.

Bezeichnet in mattem Blau: Marke I nebst undeutlichem Nebenzeichen. Leihgabe des Herzog Anton Ulrich-Museums J. L. Nr. 5581 (Liste Nr. 38).

11. (Caa Nr. 487.) Vase, eiförmig, mit flach gewölbtem Fuß mit Knauf und trichterförmigem Hals. Bemalt in Blau: In drei, kartuschenartig umrahmten Feldern Chinesenfiguren auf landschaftlichem Grunde, dazwischen Blumenmuster, Gitterwerk usw. Am Fuße Behang-, am Hals Spitzenmuster; Schulter und Fußknauf mit breitem blauen Band. 25,7 cm hoch. Am Fuß ein Stück ausgebrochen.

Bezeichnet in Blau: Marke I.

Leihgabe des Vaterl. Museums Nr. 45 (Liste Nr. 2).

12. 13. (Caa Nr. 483. 484.) Zwei Vasen von schlanker Birnform mit hohem, durch einen Wulst vom Körper getrennten Fuß und kurzem, geschwungenen Hals. Bemalt in kräftigem Blau am Körper mit ringsumlaufenden Chinesereien (Gruppe von drei, im Freien lagernden Chinesen,

15 47 9

Abb. 33. Drei Vasen, blau bzw. farbig bemalt. Marke I.
Städtisches Museum (Verz. Nr. 9. 15. 47).

Kamelreiter und zwei Figuren mit Fächern), am Fuß und Hals mit Behangmuster, am Wulst mit stilisierten Blüten. 26 cm hoch. Nr. 484 am Hals ausgebessert. (Abb. 32, 12.)

Bezeichnet in Blau: Marke I und H.

Leihgabe des Herzog Anton Ulrich-Museums Z. L. Nr. 5527. 5528 (Liste Nr. 30. 31).

14. (Caa 2 Nr. 491.) Deckelvase, mit eiförmigen Körper, der in einen hohen, geschwungenen Fuß ausläuft, kurzem Halsansatz und Deckel mit glockenförmigem Knopf. Bemalt in Blau mit blattartigem Behangmuster, durchbrochen von Gitterwerk, am Fuß mit lambrequinartigem Muster, an Schulter bezw. Hals mit Wellenband bezw. Blütenranke, am Deckel mit Blatt- und Gitterwerk. 21 cm hoch.

Bezeichnet in Blau: Marke I und E. — Leihgabe des Vaterl. Museums Nr. 322 (Liste Nr. 29).

15. (Caa Nr. 473.) Stangenvase, in Blau bemalt mit Behangmuster und Gitterwerk in zwei, durch ein breites Band voneinander

getrennten Zonen; um den Rand Wellenband. 24 cm hoch. Ein Teil des Randes ergänzt, der Fuß gekittet. (Abb. 33, 15.)

Bezeichnet in Blau: Marke I und E.

Leihgabe des Vaterl. Museums Nr. 319 (Liste Nr. 20).

16. (Caa 2 Nr. 211.) Kleine Vase, eiförmig, mit abgeschnürtem niedrigen Fuß, kurzem Hals und zwei (ergänzten) Volutenhenkeln, die am Mündungsrand ansetzen. Bemalt in Blau mit wachsenden Blumen und Vögeln, am Fuß mit Zickzackmuster, am Hals mit leichten Blütenranken. 14,2 cm hoch. Der Fuß zum Teil ergänzt.

Bezeichnet in Blau: Marke I und HP 19.

17. (Caa 2 Nr. 212.) Väschen, birnförmig, mit kurzem Halsansatz; an Fuß und Leibung bemalt in Blau mit zwei Chinesenfiguren in Landschaft. 13,5 cm hoch.

Bezeichnet: Marke I und S.

18. (Caa 2 Nr. 488.) Schreibzeug, rechteckig, auf vier niedrigen Füßen ruhend; vorn ein offener Behälter, dahinter erhöht ein geschlossener mit zwei runden Öffnungen. Die Einsätze dazu fehlen. Bemalt in Blau an Vorder- und Seitenflächen mit stilisierten Blumenranken, an der hinteren Fläche mit Vogel zwischen wachsenden Blumen, oben auf der Platte zwischen den Öffnungen mit Vogel auf Blättern im Rund. 6,7 cm hoch; 16,5 × 10 cm lang und breit.

Bezeichnet in Blau: Marke I und S.

Leihgabe des Vaterl. Museums Nr. 878 (Liste Nr. 61).

19. (Caa Nr. 477.) Deckelvase, birnförmig mit geschweiftem Fuß, der durch einen schmalen Wulst vom Körper getrennt ist, nach oben sich verjüngendem Hals und gewölbtem Knopfdeckel. Bemalt in Blau: Am Körper dichtes Behangmuster, am Fuß Bordüre mit Blattwerk und Ranken, am Hals aufsteigendes Spitzenwerk, am Deckel Behangmotiv. 24,7 cm hoch.

Bezeichnet in Blau im Deckel: Marke I, unter dem Boden: Marke I und S M.

Leihgabe des Vaterl. Museums Nr. 321 (Liste Nr. 28).

20. (Caa 2 Nr. 540.) Große Stangenvase, achteckig, oben und unten schwach ausgeschweift. Bemalt in Blau (Farbe ausgeflossen) am Körper und Fußteil, der durch ein Wellenband von jenem getrennt ist, mit Berglandschaften und zahlreichen Chinesenfiguren als Staffage. 45,5 cm h.

Bezeichnet in Blau: Marke I und V (?).

Leihgabe des Vaterl. Museums Nr. 383 (Liste Nr. 40).

21. 22. (Caa 2 Nr. 197. 490.) Zwei Apothekergefäße, eiförmig, mit niedrigem Fuß, kurzem Halsansatz, ohrförmigem Henkel und Tülle; nur auf einer Seite in Blau bemalt mit kartuschenähnlichem, querovalen Schild, der unten mit einer weiblichen Maske, oben mit einer stilisierten Blüte verziert und von zwei Blätterzweigen umgeben ist. Im Schilde Reste von Vergoldung. 20 cm hoch. Nr. 197 an Hals und Tüllenmündung gekittet.

Bezeichnet in Blau: Marke I und R.

Nr. 490 Leihgabe des Vaterl. Museums Nr. 180 (Liste Nr. 5).

23. 24. (Caa 2 Nr. 157. 480.) Zwei kleine Apothekergefäße, eiförmig, in schlanken Fuß übergehend, mit kurzem Hals und seitlich ange-

brachter Tülle; nur an einer Seite in Blau bemalt mit zwei kranzartig geordneten Zweigen, die unten mit einer Schleife verbunden sind, oben eine Krone tragen. 18 cm hoch.

Bezeichnet in Blau: Marke I; Nr. 480 noch mit H (?). — Nr. 157 stammt aus der Martini-Apotheke und ist 1884 von Herrn Dr. Baesecke geschenkt; Nr. 480 Leihgabe des Vaterl. Museums Nr. 179 (Liste Nr. 4).

Abb. 34. Kännchen, blau bemalt. Marke I.
Städtisches Museum (Verz. Nr. 27).

25. 26. (Caa 2 Nr. 221. 222.) Zwei kleine Stangenvasen, bemalt in kräftigem Blau: In je zwei achtpaßförmigen Feldern figürliche Chinesereien, dazwischen Blüten- und Blattwerk; unter- und oberhalb zwei Bänder mit Gitterwerk und Blüten, um den Fuß Blüten, mit ornamentierten Rundfeldern wechselnd. 15,5 cm hoch.

Bezeichnet in Blau: Marke I und B (Maler Heinr. Jacob Behrens [?]).

27. (Caa 2 Nr. 495.) Deckelkännchen, zusammen mit dem halbkugelig gewölbtem Deckel eiförmig, mit drei Füßen in Gestalt von kugelhaltenden Adlerkrallen und seitlichem Ausguß. Auf dem Deckel sitzender Putto als Knauf. Das Kännchen hatte vermutlich auch noch einen Henkel, dessen Ansatzstellen vorhanden sind. Bemalt in Blau an Körper und Deckel mit stilisierten Blumen in dreipaßförmigen Feldern, die von breiten Bändern mit Blumendekor eingefaßt sind. 20 cm hoch. (Abb. 34.)

Bezeichnet im Deckel und unter dem Boden: Marke I und B 2 (H. J. Behrens [?]).

Leihgabe des Herzog Anton Ulrich-Museums Z. L. I 3472 (Liste Nr. 32).

28. (Caa 2 Nr. 497.) Großer, runder Deckel, flach gewölbt, mit plattem Knopf; bemalt in Blau mit stilisierten Blumen in sechs spitzovalen Feldern und dazwischen mit Ranken und Gitterwerk, am Knopf Rosette. Stück am Rande ergänzt. 30 cm Durchmesser; 8 cm hoch.

Bezeichnet in mattem Blau: Marke I und B 3 (Behrens [?]).

Leihgabe des Vaterl. Museums Nr. 231 (Liste Nr. 17).

29. (Caa 2 Nr. 496.) Große Stülpe, halbkugelig, mit flachem runden Knopf; bemalt in Blau am unteren Rand und im Kreise um den Knopf mit einer aus Blumen und Blätterranken bestehenden Bordüre, an der dazwischen liegenden Fläche mit zwei großen Blüten sowie mit dem, von zwei schwebenden Engeln gehaltenen Wappen der Familie von Hantelmann (dreifach quer geteilter Schild mit drei, nach links gewandten Löwenköpfen im Mittelfeld und einem ebensolchen Löwenkopf als Helmzier) und einem, auf Wappenmantel angeordneten Schild mit den verschlungenen Buchstaben F. v. H. (Friedrich von Hantelmann). Der Knopf mit einer Rosette bemalt. 34 cm Durchmesser; 15,8 cm hoch.

Bezeichnet in Blau: Marke I und B (Behrens [?]).

Leihgabe des Vaterl. Museums Nr. 222 (Liste Nr. 13).

30. 31. (Caa 2 Nr. 493. 494.) Zwei Stülpen, halbkugelig, mit flachem, runden Knopf; bemalt in Blau am unteren Rand und im Kreise um den Knopf mit einer, aus Blumen und Blätterranken bestehenden Bordüre, an der dazwischen liegenden Fläche mit zwei Blüten (bei Nr. 494 fehlend) sowie mit dem Wappen der Familie von Hantelmann und einem, auf Wappenmantel ruhenden Schild mit den verschlungenen Buchstaben F. v. H. (Friedrich von Hantelmann). Der Knopf mit Rosette bemalt. 23,5 cm Durchmesser; 10 cm hoch.

Bezeichnet in Blau: Marke I und B (Behrens [?]).

Leihgabe des Vaterl. Museums Nr. 223. 224 (Liste Nr. 14. 15).

32. (Caa 2 Nr. 502.) Tiefer Teller, glatt, in kräftigem Blau bemalt: Am Rande Blüten und Blätter, behangartig angeordnet, im Spiegel das von zwei schwebenden Putten gehaltene Wappen Friedrich von Hantelmann mit dessen Namen („Friederich v. Hantelmann") auf einem darunter angebrachten Schriftband. 27,4 cm Durchmesser. Der Teller ist genietet.

Bezeichnet in Blau: Marke I.

Leihgabe des Vaterl. Museums Nr. 184 (Liste Nr. 8).

33. (Caa 2 Nr. 498.) Kleiner tiefer Teller, glatt, in kräftigem Blau bemalt: Am Rande Blüten und Blätter, behangartig angeordnet, im Spiegel das von zwei schwebenden Putten gehaltene Wappen Friedrich von Hantelmann, dessen Name („Friederich v. Hantelmann") sich auf einem darunter angebrachten Schriftband befindet. 23,5 cm Durchmesser. Der Teller hat einen Sprung und ist genietet. (Abb. 35.)

Unbezeichnet.

Leihgabe des Vaterl. Museums Nr. 185 (Liste Nr. 9).

34. (Caa 2 Nr. 366.) Stangenvase, achteckig, nach oben und unten schwach ausladend. Bemalt in leuchtendem Blau mit zwei sich umarmen-

den Chinesenpaaren in einer Landschaft; am oberen Rand Lambrequinbordüre, um den Boden Spitzenwerk. 27 cm hoch.

Bezeichnet in Blau: Marke I und A (Maler J. P. Abel [?]).

Dieselbe Vase auch in der ehemaligen Sammlung Brennfleck-Würzburg. (Siehe Helbings Auktionskatalog Mai 1912 Nr. 130 Abb. Tafel 18).

Abb. 35. Teller, blau bemalt mit dem v. Hantelmannschen Wappen. Städtisches Museum (Verz. Nr. 33).

35. (Caa 2 Nr. 492.) Achteckige Teebüchse, bemalt in Blau: In zwei gegenüberstehenden Feldern in Hochformat stilisierte Blüte mit Blättern, in den beiden anderen einerseits ein Wappen (von zwei Pfeilen durchbohrtes Herz), von Helm und Helmzier umgeben, anderseits ein gekrönter Rundschild mit Monogramm; die übrigen Flächen mit stilisiertem Blattwerk bemalt. 15 cm hoch. Halsansatz abgebrochen.

Bezeichnet in blassem Schwarz: Marke I und A (J. P. Abel [?]).

Leihgabe des Vaterl. Museums Nr. 193 (Liste Nr. 11).

36. (Caa 2 Nr. 461.) Achteckige Teebüchse, bemalt in Blau: In zwei gegenüberstehenden Feldern in Hochformat Blumen, in den beiden andern einerseits das Wappen der Familie Häseler (Lamm Gottes mit Fahne), anderseits deren Monogramm (C M H); die übrigen Flächen mit stilisiertem Blattwerk bemalt. 13,5 cm hoch.

Bezeichnet in Blau: Marke I und 4.

37. 38. (Caa Nr. 485. 486.) Zwei kleine Stangenvasen, leicht ausgeschweift, mit bläulicher Glasur. Bemalt in Blau: Am oberen Rand mit Blumenranke, an der Wandung mit je zwei Barockkartuschen, in denen

bei Nr. 485 ein Chinese, bei Nr. 480 ein Vogel mit Zweigen; zwischen den Kartuschen naturalistische Blütenzweige und Insekten, unten Reif mit Blüten. 19 cm hoch.

Bezeichnet in Blau: Marke I und F (vielleicht Zielgraf).

Leihgabe des Vaterl. Museums Nr. 394 (Liste Nr. 40. 47).

39. (Caa 2 Nr. 500.) Achteckige längliche Schüssel mit abgerundeten Ecken und senkrecht geripptem und gewelltem Rand. Bemalt in Blau: An Rand und Hohlkehle vier querovale Felder mit Blumen auf weißem Grunde, wechselnd mit kleineren, zwickelartigen Feldern mit ausgesparten Blumen auf blauem Grunde; im Spiegel zwei Chinesenfiguren in einer, von Vogel und Schmetterling belebten Parklandschaft. 36 × 29 cm.

Bezeichnet in Blau: Marke I und F (Zielgraf [?]).

Leihgabe des Vaterl. Museums Nr. 232 (Liste Nr. 18).

40. (Caa Nr. 476.) Väschen, birnförmig, mit hohem Fuß und kurzem Hals; in Blau bemalt mit gefiederten Streublumen und Punktmusterung, am Fuß mit Wellenband. 13 cm hoch.

Bezeichnet in Blau: Marke I und F (Zielgraf [?]).

Leihgabe des Vaterl. Museums Nr. 316 (Liste Nr. 23).

41. (Caa 2 Nr. 489.) Kleine runde Deckelterrine, mit zwei ohrförmigen Henkeln und flach gewölbtem Deckel mit plattem Knopf; im Innern seitlich eine halbrunde durchlöcherte Schale (wohl für eine Zitrone). Blau bemalt an Leibung und Deckel mit Schiffen, Häusern und Bäumen. 11,5 cm hoch; 18,4 cm Durchmesser.

Bezeichnet in Blau im Deckel und unter dem Boden: Marke I und F 3.

Leihgabe des Vaterl. Museums Nr. 387 (Liste Nr. 39).

42. (Caa 2 Nr. 520.) Tiefe runde Schale, mit niedrigem Fußansatz und zwei kleinen horizontalen Handhaben. Bemalt in kräftigem Blau nach ostasiatischer Art mit wachsenden Päonien an einem niedrigem Gitter und zwei Blüten unterhalb der Handhaben. Um den Rand Gittermuster. 11,5 cm hoch; 23 cm oberer Durchmesser. Gekittet.

Unbezeichnet.

Leihgabe des Vaterl. Museums Nr. 204 (Liste Nr. 19).

43. (Caa 2 Nr. 255.) Kleine runde Deckelterrine, mit zwei ohrförmigen Henkeln und flach gewölbtem Deckel mit plattem Knopf; im Innern seitwärts eine halbrunde durchlöcherte Schale (für eine Zitrone ?). Bemalt in Blau mit wachsenden Blütenzweigen, zwischen denen auf einem Steine ein Vogel sitzt. Die Henkel mit Ranken, der Knopf mit einer Rosette bemalt. 13,5 cm hoch; 18,3 cm Durchmesser.

Bezeichnet im Deckel und unter dem Boden in schwärzlichem Blau: Marke I und C 3.

44. (B Nr. 85.) Altarvase, eiförmig, mit glockenartigem Fuß, Hals mit plastischem Reif in der Mitte und zwei Vertikalhenkeln, die in Löwenköpfe mit Ring im Maul endigen und unter der Ansatzstelle am Körper je eine flach aufgeformte Löwenmaske zeigen. Bemalt in Blau: Am Körper beiderseits ein, mit geflügelten Hermen, Blütenzweigen und Muschel verzierter und bekrönter Rundschild mit der Aufschrift: „An Gottes Segen Ist Alles Gelegen“ bezw. „In die Kirche zu Bodenstädt“; am Fuß zwei dreipaßförmige Felder mit Blattwerk, verbunden durch Blütengehänge, am Hals Blütenzweige, die Henkel staffiert. 29,5 cm hoch.

Bezeichnet in Schwarz: Marke I und T (Joh. M. Tieling [?]).

Aus der Kirche zu Bodenstedt. Geschenk des Herrn Kaufmann Bartels 1869.

Abb. 30. Büste eines Alten, blau und manganfarbig bemalt. Unbezeichnet. Städtisches Museum (Verz. Nr. 80).

45. (Caa 2 Nr. 243.) Tüllenvase, flachkugelig, nach oben in einen niedrigen Hals, nach unten in einen kurzen Fuß übergehend, besetzt ringsum mit sechs blütenartigen Tüllen (zur Aufnahme von Blumen). In der Mitte des Bodens ein Loch zum Abfluß des Wassers. Bemalt in Blau mit schwärzlichen Umrissen: Am Körper zwischen den Tüllen mit Blumen bemalte Zierstücke, unterhalb derselben wachsende Blütensträucher mit

Abb. 37. Vase, blau bemalt. Marke II.
Städtisches Museum (Verz. Nr. 81).

Vögeln, dazwischen fliegende Vögel und Schmetterlinge; am Fuß und Hals Blütenranken. 25 cm hoch; 35,5 cm größter Durchmesser. Ergänzt eine Tülle sowie der innere Rand des Halses; drei andere Tüllen ausgebessert.

Unbezeichnet. — Ausgegraben 1892 auf dem Johannishofe und geschenkt von Herrn Bahnhofsrestaurateur Fricke.

Die Vase ist vielleicht das unterste Stück einer sog. Pagodenvase, die sich aus mehreren, nach oben immer kleiner werdenden gleichen Vasen zusammensetzt. (Siehe Abb. 1.)

46. (Caa 2 Nr. 538.) Henkelkrug, walzenförmig, bemalt in Blau, Gelb und Mangan mit zwei Chinesen in einer, mit Bäumen und allerlei Sträuchern bestandenen phantastischen Landschaft. Henkel staffiert. 16 cm hoch. Der Deckel aus Zinn (später hinzugefügt) trägt ein nur zum Teil

noch erkennbares Wappen als Marke und auf einem weiteren Stempel die Bezeichnung

BRO . . . .
— G . L . . . .
GERIC . . .
WUN
SIEDEL . .

Bezeichnet in Mangan: Marke I und R. — Die Darstellung begegnet auf Henkelkrügen dieser Art und aus derselben Zeit häufig. (Vergl Abb. 14.)

Abb. 38. Schüssel, farbig bemalt. Marke III.
Städtisches Museum (Verz. Nr. 97).

47. (Caa 2 Nr. 231.) Vase mit zylindrischem Körper, niedrigem Fuß und kurzem Halsansatz. Bunt bemalt mit Blümchen und lambrequinartigen Mustern am oberen und unteren Rand der Leibung sowie am Fuß. 25 cm hoch. (Abb. 35, 47.)

Bezeichnet in blassem Blau: Marke I und V (?) 2.

48. (Caa 2 Nr. 354.) Kleine birnförmige Vase mit kurzem Halsansatz, bunt bemalt mit Blumen, wachsenden Pflanzen (am Fuß) und lambrequinartigen Motiven (an der oberen Leibung). Fußrand und Hals blau staffiert. 19,9 cm hoch.

Unbezeichnet. — Vermächtnis A. Vasel, Beierstedt 1910.

49. 50. (Caa 2 Nr. 209. 210.) Zwei Ofenfüße, geschweift, oben in eine Volute endigend und mit Akanthusblattwerk verziert, unten in eine Löwentatze auslaufend; Voluten, Blattwerk und Tatzen staffiert in blassem Blau. 34 cm bezw. 32,5 cm hoch.

Unbezeichnet; angeblich aus dem Schlosse zu Salzdahlum.

51. 52. (Caa 2 Nr. 543. 543 a.) Zwei gerahmte Tableaus, bestehend aus je 35 quadratischen Fliesen, bemalt in Blau mit allerlei Tieren (Hirsch,

Hase, Hund, Pferd, Fuchs, Gans, Schwan usw.) auf landschaftlichem Grunde, drei auch mit einem ländlichen Ziehbrunnen, eine mit einem Segelschiff; in den Ecken Blattwerk. 1,62 cm × 44 cm.

Unbezeichnet.

53. (Caa 2 Nr. 544.) Tableau in Holzrahmen, bestehend aus 10 quadratischen Fliesen, bemalt in Blau, bezw. in Mangan und Blau, zumeist

Abb 39. Deckelterrine, im Porzellanstil blau bemalt. Marke III. Städtisches Museum (Verz. Nr. 100).

mit Landschaften nebst figürlicher Staffage im Rund, diejenigen in den oberen Ecken im Achteck; in den Ecken Blümchen. 53 × 53 cm.

Unbezeichnet.

54. (Caa 2 Nr. 545.) Tableau in Holzrahmen, bestehend aus 49 quadratischen Fliesen, bemalt in Blau mit holländischen Landschaften mit figürlicher Staffage (Angler, Bauern usw.) und Tieren (Schwan, Hirsch, Kuh); in den Ecken Blümchen. 92 cm × 92 cm.

Unbezeichnet.

55. (Caa 2 Nr. 546.) Tableau in Holzrahmen, bestehend aus 25 quadratischen Fliesen, bemalt in Blau: In einem, von Doppellinie umschlossenen Rund allerlei holländische Küstenlandschaften, von Schiffen belebt, sowie biblische Darstellungen (Christus und Thomas, Christus und das kananäische Weib, Goldenes Kalb, Auferstehung Christi usw.). In den Ecken kleine Blüten. 65,5 cm × 65,5 cm.

Unbezeichnet.

56. (Caa 2 Nr. 547.) Tableau in Holzrahmen, bestehend aus 30 quadratischen, in Blau und Mangan bemalten Fliesen: Auf manganfarbenem Grunde ausgespart achtpaßförmige Felder; darin in Blau gemalt

allerlei Einzelfiguren auf landschaftlichem Hintergrund (Wanderer, Hirten usw.) sowie Landschaften in holländischem Charakter mit Häusern, Windmühlen, Schiffen usw., in den Ecken Blattwerk. 79 cm × 78,5 cm.
Unbezeichnet.

57—64. (Caa 3 Nr. 371 a—h.) Acht kleine rechteckige Fliesen, bemalt in Blau mit großblumigen Ranken und Schmetterling. 12,5 cm × 6,5 cm.
Unbezeichnet.

Abb. 40. Deckelterrine in Gestalt eines mit Früchten gefüllten Korbes, farbig bemalt. Marke III.
Städtisches Museum (Verz. Nr. 101).

Aus dem Honigbaumschen Hause, Schützenstraße.

65. (Caa 3 Nr. 367 d.) Quadratische Fliese, bemalt in Mangan mit Rose und mit Blättern in den Ecken. 12,5 cm × 12,5 cm.
Unbezeichnet.

66. (Caa 3 Nr. 367 b.) Quadratische Fliese, bemalt in Blau mit zwei angelnden Männern, in den Ecken mit Blümchen. 13 cm × 13 cm.
Unbezeichnet.

67. (Caa 3 Nr. 367 c.) Quadratische Fliese, bemalt in Blau mit wachsender Blume und gefiederten Zweigen. 12,5 cm × 12,5 cm.
Unbezeichnet.

68. (Caa 3 Nr. 367 f.) Quadratische Fliese, bemalt in Mangan mit Landschaft im Rund und Blattranken in den Ecken. 12,8 cm × 12,8 cm.
Unbezeichnet.

69. (Caa 3 Nr. 371 l.) Quadratische Fliese, blau bemalt mit einem auf Strauch sitzenden Vogel und mit gefiederten Blättern in den Ecken. 12 cm × 12 cm.
Unbezeichnet.

70. (Caa 3 Nr. 371 m.) Quadratische Fliese, blau bemalt: Im Rund Christus einem Jünger erscheinend in einer Landschaft; in den Ecken Blattwerk. Der obere Rand beschädigt. 13 cm × 11,7 cm.

71. (Caa 3 Nr. 371 o.) Quadratische Fliese, bemalt in Mangan und Blau: Im Rund eine in Mangan gemalte Darstellung (zwei Figuren, von denen die eine im gegürtetem Rock und helmähnlicher Kopfbedeckung sich über einer Schale, die ein jüngerer Diener hält, die Hände zu waschen scheint (Pilatus ?). Landschaftlicher Hintergrund mit tronsesselartigem Gegenstand in der Mitte); in den Eckzwickeln in Blau Blattwerk. 12 cm × 13 cm. Der Rand rechts etwas abgestoßen.

Unbezeichnet.

72. (Caa 3 Nr. 371 p.) Quadratische Fliese, bemalt in Mangan mit Blumenvase im Rund und einfachem geometrischen Ornament in den Eckzwickeln. 13 cm × 13 cm.

Unbezeichnet.

73. (Caa 3 Nr. 371 qu.) Fliese, manganfarbig bemalt im Rund mit Windmühle an von Schiffen belebten Meeresstrand. 12 cm × 9 cm (ursprünglich quadratisch; jetzt infolge Beschädigung an zwei gegenüberliegenden Rändern rechteckig).

Unbezeichnet.

74. (Caa 3 Nr. 371 r.) Quadratische Fliese, bemalt in Blau und Mangan: In achtpaßförmigem Felde Landschaft mit Brücke, von einem Kreis umschlossen; in den Ecken auf manganfarben getupftem Grunde ausgespart Blattbüschel in Vasen. 12,8 cm × 12,8 cm.

Unbezeichnet.

75. (Caa 3 Nr. 371 s.) Quadratische Fliese, bemalt in Blau und Mangan: In achteckigem Felde Strandlandschaft mit Häusern und Schiffen, in den Ecken auf manganfarben getupftem Grunde ausgespart kleine Blüten. 13 cm × 12,5 cm.

Unbezeichnet.

76. (Caa 2 Nr. 297.) Sitzender Hund mit Halsband, bemalt mit manganvioletten Flecken; der flache rechteckige Sockel blau umrandet. 13 cm h.

Bezeichnet in Blau: Marke I.

77. 78. (Caa Nr. 481. 482.) Zwei Figuren eines langbärtigen Mannes (chinesischer Bettelmönch) mit Unter- und Obergewand und darüber geworfenen Fell (?), das turbanartig auf dem Kopfe liegt; auf flachem, ovalem Erdsockel. Farbig bemalt in Blau, Mattgelb, Mangan und Graugrün. 13,5 cm hoch.

Nr. 481 bezeichnet in Blau: Marke I und K; Nr. 482 unbezeichnet.

Leihgabe des Vaterl. Museums Nr. 323. 324 (Liste Nr. 30. 31).

79. (Caa 2 Nr. 49.) Harlekin in tanzender Stellung, wobei er den rechten Arm erhoben hat. Er ist bekleidet mit enganschließender Hose, langer Weste, kurzem offenem Jäckchen, gefaltetem Halskragen und breitkrämpigen Hut und steht auf einem Erdsockel, an ein Felsstück sich anlehnend. Bemalt vorwiegend in Zitrongelb und kräftigem Blau, Einzelheiten in Mangan und Graugrün. 36 cm hoch. Die linke Hand ergänzt, das rechte Bein gekittet.

Unbezeichnet.

Geschenk des Herrn Hof-Drellfabrikanten Bever in Wolfenbüttel 1870.

80. (Caa Nr. 470.) Büste eines alten Mannes(?) mit nach links gewandtem Kopf. Er trägt um den Kopf, der eine kreisrunde Öffnung hat, ein nach hinten herabfallendes, mangangetupftes Tuch und eine blaue Gewanddrapierung, die, auf der rechten Schulter aufliegend, Brust und Rücken teilweise umgibt. Der runde, profilierte Sockel ist mit aufgeformtem Blattwerk verziert, in dem hinten ein hochovales, vorn ein querovales Feld ausgespart ist, welch letzteres mit einem ländlichen Gehöft in Blau bemalt ist. 32 cm Gesamthöhe. (Abb. 36.)

Unbezeichnet.

Die Büste stellt vielleicht den „Winter“ aus einer Folge der Jahreszeiten vor und diente wohl als Lichthalter.

B. Periode Behling und Reichard (1749-1756).

81. (Caa Nr. 474.) Potpourri-Vase, bauchig-birnförmig, mit flach gewölbtem, durchlöcherten Deckel, dessen Knopf abgebrochen ist. Bemalt in Blau an Körper und Deckel mit Streublumen und dazwischen mit feinen Punktornamenten, am Fuß mit Gitterwerk in vier, durch senkrechte Bänder abgeteilten Feldern. 28,5 cm hoch. (Abb. 37.)

Bezeichnet im Deckel und unter dem Boden in Blau bezw. Schwarz: Marke II und I.

Leihgabe des Vaterl. Museums Nr. 855 (Liste Nr. 50).

82. a. b. (Caa 2 Nr. 540 a. b.) Schüssel mit Helmkanne. Erstere von rechteckiger Form mit auf den Längsseiten geradem, auf den Schmalseiten abgerundetem Rande. Die Kanne helmförmig mit scharf abgeschnürtem Fuß und aus Schnörkeln gebildetem Henkel. Beide Teile bemalt in Blau (mit schwärzlicher Vorzeichnung) mit behangmusterartigen Bordüren und wachsenden Blumen und Sträuchern. Schüssel: 41,5 cm × 31,5 cm; Kanne: 21 cm hoch.

Bezeichnet in Blau: Marke II.

83. (Caa 2 Nr. 508.) Achteckige, flache Dose mit Knopfdeckel, zwei zierlichen Volutenhenkeln und vier Füßchen. Bemalt in Blau mit schwarzer Vorzeichnung an Deckel und Leibung mit Behang- und Blattmuster; die Ränder einfarbig blau staffiert. 8,5 cm hoch; 14 cm × 10 cm.

Bezeichnet im Deckel und unter dem Boden in Mangan: Marke II u. 9.

Leihgabe des Vaterl. Museums Nr. 320 (Liste Nr. 27).

84. (Caa 2 Nr. 511.) Kleine, runde Schüssel mit zwei ohrförmigen Henkeln und flach gewölbtem Deckel mit plattem Knopf; im Innern seitwärts ein durchlöcherter Behälter. Schüssel und Deckel bemalt in Blau (zum Teil mit schwarzer Vorzeichnung) mit stilisierten Blüten in felderartiger Anordnung. 12 cm hoch; 15,5 cm Durchmesser.

Bezeichnet im Deckel und am Boden in dunkelm Mangan: Marke II u. 6.

Leihgabe des Vaterl. Museums Nr. 386 (Liste Nr. 38).

85. (Caa 2 Nr. 505.) Runde Schüssel, glatt, in Blau bemalt: Am Rande vier längliche Felder mit Gittermuster, wechselnd mit vier kleineren querovalen Feldern mit stilisierter Blüte, im Spiegel Blumenstrauß mit Vogel. 33,5 cm Durchmesser.

Bezeichnet in Blau: Marke II.

Leihgabe des Vaterl. Museums Nr. 392 (Liste Nr. 44).

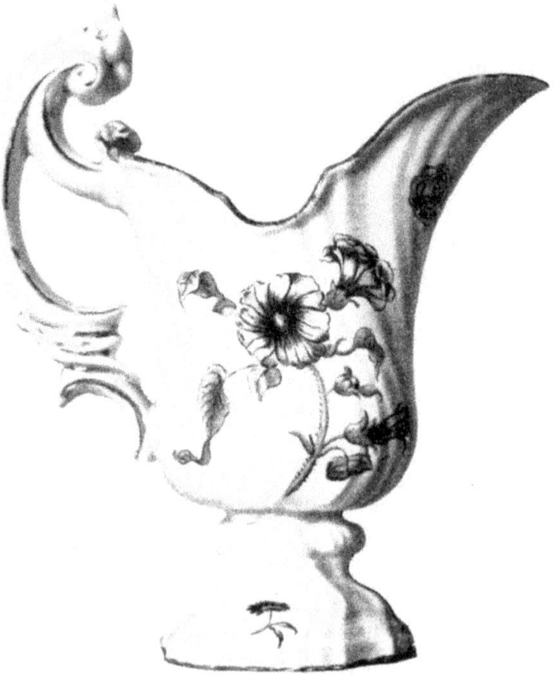

Abb. 41. Helmkanne, farbig bemalt. Marke III. Städtisches Museum (Verz. Nr. 133).

86. 87. (Caa 2 Nr. 503. 504.) Zwei Apothekergefäße, eiförmig, in schlanken Fuß übergehend, mit kurzem Hals und seitlich angebrachter Tülle. Auf einer Seite in Blau bemalt mit zwei kranzartig geordneten Zweigen, die unten durch eine Schleife verbunden sind, oben eine Krone tragen. 17,4 bezw. 16,3 cm hoch.

Bezeichnet in Blau: Marke II.

Aus der Martini-Apotheke zu Braunschweig.

Leihgabe des Vaterl. Museums Nr. 181 (Liste Nr. 6. 7).

88. (Caa 2 Nr. 555.) Flacher, runder Deckel mit plattem Knopf, bemalt in Blau mit Blütenzweigen und Gitter- und Pflanzenwerk, wechselnd in dreieckigen, von der Mitte ausstrahlenden Feldern. 9,3 cm Durchmesser.

Bezeichnet in blassem Mangan: Marke II und 4.

C. Zweite „Fürstliche" und Rabesche Periode (1756–1807).

89. 90. (Caa 2 Nr. 506/7.) Zwei flache Teller mit gewelltem Rand, bunt (rot, blau, grün und gelb) bemalt mit Blütenzweigen und Schmetterlingen. 24,5 cm Durchmesser.

Bezeichnet in Blau: Marke III und 3.

Leihgabe des Vaterl. Museums Nr. 856 (Liste Nr. 58. 59).

Abb. 42. Sog. Réchaud, farbig bemalt. Marke III.
Städtisches Museum (Verz. Nr. 134).

91. (Caa 2 Nr. 460.) Flacher Teller mit geschweiftem Rand, bemalt in Mangan mit drei Blütenzweigen am Rand, wachsendem Blütenstrauch und zwei Phantasievögeln im Spiegel. 23,2 cm Durchmesser.

Bezeichnet in Mangan: Marke III.

92. (Caa 2 Nr. 463.) Kleiner tiefer Teller, bunt bemalt am Rand mit gelbem Band und gewelltem Blätterreif, im Spiegel in einem, von Schleife und Zweigen verziertem Rund die Inschrift „Vivat meine Minichen". 20,6 cm Durchmesser.

Bezeichnet in Mangan: Marke III und R.

93. (Caa 2 Nr. 374.) Kleiner tiefer Teller, bunt bemalt am Rand mit breitem grünen Band und gewelltem Reif in Mangan, im Spiegel mit Blumenkorb. 20 cm Durchmesser.

Bezeichnet in Mangan: Marke III.

94. (Caa 2 Nr. 52.) Große ovale Schüssel mit gewelltem Rand und verziert mit Gruppen von je drei geschwungenen Rippen, die vom Rand nach der Mitte verlaufen. Bemalt in Blau im Spiegel mit einer Rose, am Rande mit vier andern Blumen und Insekten. 41 cm × 32 cm lang und breit. Genietet.

Bezeichnet in Blau: Marke III und Z (Maler Ziegenbein ?).

Geschenk der Frau Amalie Giem geb. Rabe und der Frau Anna Haubner 1870.

95. (Caa 2 Nr. 53.) Große runde Schüssel mit vier Gruppen geschwungener Rippen, die vom Rande nach der Hohlkehle verlaufen. Bemalt in Mangan mit vier Blumen in den dazwischen liegenden glatten Randfeldern und im Spiegel mit einer Landschaft im Rund mit Bauerngehöft und figürlicher Staffage. 38,5 cm Durchmesser.

Bezeichnet in Mangan: Marke III.

Geschenk der Frau Amalie Giem geb. Rabe und der Frau Anna Haubner 1870.

96. (Caa 2 Nr. 510.) Große runde Schüssel mit gewelltem Rand, bemalt in Mangan am Rande mit vier Blütenzweigen, im Spiegel mit einer bergigen Landschaft, in der rechts ein Haus mit Turm steht. 36,5 cm Durchmesser.

Bezeichnet: Marke III.

Leihgabe des Vaterl. Museums Nr. 391 (Liste Nr. 43).

97. (Caa 2 Nr. 203.) Ovale Schüssel, flach, am Rand geschweift; buntfarbig bemalt: Am Rand Blütenzweige in blassem Blau, im Spiegel in Mangan, Eisenrot und Grün wachsende Blütensträucher mit Felswerk, auf dem zwei Phantasievögel sitzen. 32 cm × 24 cm. (Abb. 38.)

Bezeichnet in Mangan: Marke III.

98. (Cab 1 Nr. 401.) Große flache Schüssel, oval, mit geschweiftem Rand und zwei Handhaben; bemalt in Blau nach ostasiatischer Art: Am Rande mit vier Blütenzweigen und zwei Einzelblümchen, im Spiegel mit wachsenden Blumen (Päonie und Mumestrauch), neben denen auf einem großen, gezackten Blatt eine Vase steht. Die Hohlkehle mit Gittermuster, Blüten usw. 50 cm × 31 cm. Am Rand ein Stück ergänzt.

Bezeichnet in Blau: Marke III (und ein anderes undeutliches Zeichen).

99. (Caa 2 Nr. 542.) Deckelterrine, oval, ausgebaucht, mit vier niedrigen Volutenfüßen und zwei Horizontalhenkeln; der flach gewölbte Deckel trägt als Knauf einen liegenden Löwen. Bemalt in bunten Farben mit großen Sträußen und Streublumen. 19,5 cm hoch, 36 cm lang, 23,5 cm breit. Der Rand an zwei Stellen ausgebessert.

Bezeichnet im Deckel und am Boden in Mangan: Marke III und 4.

100. (Caa 2 Nr. 51.) Deckelterrine, oval, die Leibung ausgebuchtet, mit von Reifen umzogenen, abgeschnürtem Fuß und oberem Rand, zwei seitlichen, muschel- und blattwerkartig gestalteten Handhaben und gewölbtem Deckel, der eine Traube mit Blättern als Knauf trägt. Wandung und Deckel durch aufgeformte senkrechte Bänder in Felder geteilt und bemalt in dunkelem Blau mit dünnen Blütenranken im Porzellanstil. 23 cm hoch; 24 × 19 cm oberen Rand. (Abb. 39.)

Bezeichnet in Mangan bezw. Blau: Marke III und 1 C.

Geschenk der Frau Amalie Giem geb. Rabe und der Frau Anna Haubner 1870.

Abb. 43. Ofen, manganfarbig geadert. Unbez.
Städtisches Museum (Verz. Nr. 158).

101. (Caa 2 Nr. 339.) Große Terrine, in Gestalt eines ovalen, geflochtenen Korbes mit zwei Horizontalhenkeln. Der Deckel belegt mit allerlei

Früchten (Äpfel, Birnen, Trauben, Spargel, Rettiche, Zitronen usw.); dazwischen auch das Gehäuse einer Weinbergschnecke. Farbig bemalt: Der Korb gelb, die Früchte in ihren natürlichen Farben. 14 cm hoch (ohne Deckel); 37,5 cm lang; 27,5 cm breit. (Abb. 40.)

Bezeichnet in Mangan am Boden und im Deckel: Marke III und 2.

Geschenk des Herrn Rittmeisters a. D. Haberland in Karlsruhe 1908. — Man vergleiche die ähnlichen Arbeiten der Chelyschen Fabrik, die hier offenbar Vorbild waren.

102. (Caa 2 Nr. 334.) Kleine Terrine, halbkugelig, mit zwei ohrförmigen Henkeln und gewölbtem Deckel mit plattem Knopf. Im Innern seitlich ein durchlöcherter Behälter (Mundsieb). Bemalt in Blau an Körper und Deckel mit dünnen Blütenzweigen in vier, durch senkrechte Striche geteilten Feldern. 15,3 cm hoch; 19 cm oberer Durchmesser.

Bezeichnet am Boden und im Deckel in Blau: Marke III und 1.

103. (Caa 2 Nr. 78.) Deckel einer ovalen Terrine, hochgewölbt und mit Gruppen von geschwungenen Rippen verziert, die von der Mitte, wo eine Frucht mit Blättern als Knauf dient, nach dem unteren Rand verlaufen. Bemalt in Mangan mit Sträußchen und Einzelblumen. 12 cm hoch; 27,5 × 21 cm unterer Durchmesser.

Bezeichnet in Mangan: Marke III und 6.

Geschenk des Herrn Staatsanwalts Koch.

104. (Caa 2 Nr. 79.) Deckel einer ovalen Terrine, gewölbt und mit flach aufgeformten Verzierungen, der Rand abgesetzt; als Knauf naturalistisch bemalte Zitrone mit Blättern; im übrigen Blau bemalt mit naturalistischen Blumen. 25 × 20 cm.

Bezeichnet in Blau: Marke III und Z. 1. (Maler Ziegenbein [?]).

Geschenk des Herrn Staatsanwalts Koch.

105. (Caa 2 Nr. 43.) Großer Napf (Kumme), halbkugelig, mit niedrigem Fuß; bemalt in Blau mit naturalistischen Blumen. 15 cm hoch; 28,5 cm oberer Durchmesser. Gesprungen.

Bezeichnet in Blau: Marke III und W 2 (M. H. Wachtel [?]).

Geschenk des Herrrn Kaufmanns E. Bartels 1809.

106. (Caa 2 Nr. 213.) Kleiner runder Napf (für Branntweinkaltschale) mit zwei seitlichen Horizontalhenkeln, innen bemalt in Mangan: Am Boden Blütenzweig, von Rahmen umschlossen, an der Wandung breites Band, von dem dünne Blumengirlanden mit Schleifen herabhängen. Henkel staffiert. 7 cm hoch; 10,5 cm Durchmesser des oberen Randes.

Bezeichnet in Mangan: Marke III und P.

107. (Caa 2 Nr. 332.) Kleiner Napf (für Branntweinkaltschale) mit zwei Horizontalhenkeln; im Innern bunt bemalt mit geometrischen Randornamenten und am Boden in einem, von Blattzweigen und einer Schleife umgebenen Rund mit der Inschrift „Vivat meine Anthonette“. 7½ cm hoch; 17 cm oberer Durchmesser.

Bezeichnet in Blau: Marka III.

108. (Caa Nr. 331.) Kleiner Napf (für Branntweinkaltschale) mit zwei Horizontalhenkeln, im Innern bunt bemalt mit Blätterreif und am Boden in einem, von Blättern und Schleife umgebenen Rund mit der In-

schrift „Heute vor Gelt morgen um Sonst". 7,5 cm hoch; 18 cm oberer Durchmesser.

Bezeichnet: Marke III.

109. (Caa 2 Nr. 270.) Kleiner runder Napf (für Branntweinkaltschale) mit zwei seitlichen Horizontalhenkeln; innen bemalt in Blau: Am Boden Gittermuster, umschlossen von gewelltem Reif mit Blättern, am Rande

Abb. 44. Dose in Gestalt eines Puters, farbig. Marke III. Städtisches Museum (Verz. Nr. 170).

mit gepunktetem Wellenband. Henkel leicht staffiert. 6,5 cm hoch; 17 cm Durchmesser des oberen Randes. Gesprungen.

Bezeichnet in Blau: Marke III.

110. (Caa 2 Nr. 337.) Teekännchen, halbkugelig, mit Ausguß, ohrförmigem Henkel und flachem Knopfdeckel; bemalt in Blau (mit zum Teil schwarzer Vorzeichnung) mit Blumen und Blättern. 8 cm hoch.

Bezeichnet in Mangan: Marke III und 21.

111. (Caa 2 Nr. 325.) Kaffeekännchen, birnförmig, mit ohrförmigem Henkel, Ausguß und gewölbtem Knopfdeckel. 15,5 cm hoch.

Bezeichnet in Blau im Deckel und am Boden: Marke III und 13.

112. (Caa 2 Nr. 320.) Henkelkrug, walzenförmig, bunt bemalt mit einem von zwei palmenartigen Bäumen umgebenen Blumenkorb; am

oberen und unteren Rand gelbes Band. 18,5 cm hoch. Der Deckel aus Zinn trägt einen Stempel mit springendem Pferd.

Bezeichnet in Mangan: Marke III.

Leihgabe des Herzog Anton Ulrich-Museums J. L. I 5285.

113. (Caa 2 Nr. 551.) Henkelkrug, walzenförmig, bunt bemalt: Vorn in einem, mit Schleife und zwei Zweigen verziertem Rund die Inschrift „Vivat der Wirth"; seitlich zwei Palmbäume. Am Rande oben und unten gelbes Band. 17,5 cm hoch. Der Deckel aus Zinn.

Bezeichnet in Blau: Marke III.

114. (Caa 2 Nr. 250.) Henkelkrug, walzenförmig, bunt bemalt mit Landschaft (zwei Häuser, zwischen denen eine Tanne steht), umgeben von zwei palmähnlichen Bäumen. Am oberen und unteren Rand gelbes Band. 17 cm hoch. Henkel ergänzt.

Bezeichnet in Blau: Marke III.

115. (Caa 2 Nr. 530.) Henkelkrug, walzenförmig, bunt bemalt mit gitterartig sich schneidenden Rauten in Grün und Mangan; oben und unten gelbes Band. 16,5 cm hoch. Der Deckel aus Zinn trägt dreimal einen Stempel mit dem wilden Mann zwischen den Buchstaben I W.

Bezeichnet in Mangan: Marke III.

Leihgabe des Herzog Anton Ulrich-Museums J. L. I 5289.

116. (Caa 2 Nr. 528.) Henkelkrug, walzenförmig, bunt bemalt mit einem, durch eine Schleife zusammengehaltenen Blumenstrauß, umgeben von zwei Bäumen; am oberen und unteren Rand gelbes Band. 17,5 cm h.

Bezeichnet in Mangan: Marke III.

Leihgabe des Vaterl. Museums Nr. 451 (Liste Nr. 51).

117. (Caa 2 Nr. 522.) Henkelkrug, walzenförmig, bunt bemalt mit gelbem Reif oben und unten, nebst schlichten Gehängen. 16,5 cm hoch. Der Deckel aus Zinn.

Bezeichnet in Mangan: Marke III.

Leihgabe des Herzog Anton Ulrich-Museums J. L. I 5299.

118. (Caa 2 Nr. 402.) Henkelkrug, walzenförmig, farbig (Mangan, Gelb, Grün und Blau) bemalt: Vorn in Barockkartusche mit Gitterwerk springendes Pferd; am oberen und unteren Rand lambrequinartiges Muster. 19 cm hoch (ohne Deckel). Der Deckel aus Zinn mit Braunschweigischer Beschau und einer Meistermarke, vermutlich der des Zinngießers Joh. Gerhard Kuhfuß, nachweisbar 1763—85. Siehe F. Fuhse, Die Braunschweiger Zinngießer in „Quellen und Hilfsmittel zur Braunschweig. Familiengeschichtsforschung" 1927, Heft 3, S. 7.

Bezeichnet in Mangan: Marke III.

Der Krug stammt aus der Sammlung G. A. Lippe, Hannover.

119. (Caa 2 Nr. 190.) Henkelkrug, walzenförmig, bunt bemalt mit kirchenähnlichem Bau (Haus flankiert von zwei Türmen), umgeben von zwei Palmbäumen; am oberen und unteren Rand gelbes Band. 15,5 cm hoch. Henkel ergänzt.

Bezeichnet in Mangan: Marke III.

120. (Caa 2 Nr. 359.) Henkelkrug, walzenförmig, bunt bemalt: Auf manganfarben getupftem Grunde vorn ausgespart achtpaßförmiges

Feld mit einer Windmühle; am oberen und unteren Rand gelbes Band. 15 cm hoch. Der Zinndeckel trägt dreimal als Marke Wappenschild mit wildem Mann und R.B.

Bezeichnet in Blau: Marke III.

121. (Caa 2 Nr. 550.) Henkelkrug, walzenförmig, bunt bemalt mit nach links springendem und dabei rückwärts blickendem Pferd zwischen zwei Palmbäumen; am oberen und unteren Rand gelbes Band. 17 cm hoch. Deckel aus Zinn.

Bezeichnet in Mangan: Marke III und R.

122. (Caa 2 Nr. 565.) Henkelkrug, walzenförmig, bunt bemalt: Auf manganfarben getupftem Grunde vorn ausgespart achtpaßförmiges Feld mit einem, von Bäumen umgebenen ländlichem Gehöft; am oberen und unteren Rand gelbes Band. 15,5 cm hoch. Henkel ergänzt.

Bezeichnet in Mangan: Marke III und R.

123. (Caa 2 Nr. 529.) Henkelkrug, walzenförmig, bunt bemalt mit spitzgiebeligem Haus, umgeben von Bäumen und weiter von je einer Palme; am oberen und unteren Rand manganfarbenes Band. 16 cm hoch. Der Zinndeckel mit Wolfenbütteler Beschau.

Bezeichnet in Mangan: Marke III und R.

Leihgabe des Vaterl. Museums Nr. 877 (Liste Nr. 60).

124. (Caa 2 Nr. 521.) Henkelkrug, walzenförmig, bunt bemalt: Vorn in einem, mit Schleife und Zweigen verziertem Rund die Inschrift „liebe mich wie ich dich“; seitwärts je ein Palmbaum. 18,6 cm hoch. Auf dem Deckel aus Zinn eingraviert: M L M 1814.

Bezeichnet in Mangan: Marke III und R.

Leihgabe des Herzog Anton-Ulrich-Museums Z. L. I 5296.

125. (Caa 2 Nr. 469.) Henkelkrug, walzenförmig, bunt bemalt mit senkrechten gelben und manganfarbenen Wellenbändern, wechselnd mit graugrünen Blattstäben, die blütenartig mit blauen Punkten besetzt sind; am oberen und unteren Rand gelbes Band. 19 cm hoch. Mit Zinndeckel ohne Marke.

Bezeichnet in Mangan: Marke III und R.

126. (Caa 2 Nr. 214.) Henkelkrug, walzenförmig, bunt bemalt: Landschaft mit Häusergruppe, die von einem hohen Turm überragt wird; das Ganze von zwei Palmen umschlossen; oben und unten gelbes Band. 17 cm hoch. Der Henkel abgebrochen, der Rand abgestoßen.

Bezeichnet in Mangan: Marke III und R.

127. (Caa 2 Nr. 523.) Henkelkrug, walzenförmig, bunt bemalt: Auf manganfarben getupftem Grunde vorn ausgespart achtpaßförmiges Feld mit Blumenstrauß. Oben und unten gelbes Band. 16,5 cm hoch. Der Deckel aus Zinn.

Bezeichnet in Mangan: Marke III und P.

Leihgabe des Herzog Anton Ulrich-Museums Z. L. I 5297.

128. (Caa 2 Nr. 555.) Wandbrunnen, birnförmig, mit scharf abgeschnürtem, niedrigen Fuß, der rückwärts zwei Löcher zum Befestigen an der Wand hat, mit Ausguß in Gestalt einer, mit Blattwerk verzierten Maske und glockenförmigem Deckel mit rundem, spitz zulaufenden Knauf;

an der rückwärtigen geraden Fläche oben noch ein weiteres Loch. Bemalt in hellem Blau an Körper und Deckel mit einem größeren Strauß und mehreren Einzelblumen, am Fuß mit drei Blütenzweigen. Die Maske in Blau staffiert, die Ränder von schmalem Band umzogen. 63 cm hoch; 27,5 cm größte Breite.

Bezeichnet in Blau unterhalb der Maske: Marke III.

129. (Caa 2 Nr. 55.) Kleiner runder Napf (Milchtöpfchen) mit scharf abgeschnürtem kurzen Hals, drei spitz zulaufenden Füßen und einer seitlichen Tülle für den Holzgriff. Bemalt in blassem Blau mit Blütenzweigen und Blättchen. 11,5 cm hoch.

Bezeichnet in Blau: Marke III und C. 5.

Geschenk der Frau Amalie Giem geb. Rabe und der Frau Anna Haubner 1870.

130. (Caa 2 Nr. 333.) Tiefe runde Schüssel (Waschschüssel), innen bemalt in mattem Blau mit naturalistischem Strauß, vier Blütenzweigen und Streublümchen nebst Insekten. 9,5 cm hoch; 34 cm oberer Durchmesser. Gesprungen.

Bezeichnet in Blau: Marke III.

131. (Caa 2 Nr. 81.) Henkeltopf, eiförmig, mit hohem Bügelhenkel und flachem Deckel mit plattem Knopf, mehrfarbig bemalt an Topf und Deckel mit blauem und manganfarbenem Reif, welch letzterer mit Blätterranken verziert ist; unterhalb desselben an der Leibung Blütenzweige und Blätter. Der Henkel mit Blattranken, der Deckelknopf rosettenartig bemalt. 32 cm hoch. Henkel und Deckel genietet.

Bezeichnet am Boden und im Deckel in Mangan: Marke III und R 40.

Geschenk des Herrn Staatsanwalts Koch.

132. (Caa 2 Nr. 309.) Henkeltopf, rund, mit kurzem, eingeschnürtem Hals und hohem Bügelhenkel. Bemalt in Blau mit stilisierten Blütenzweigen. 18,5 cm hoch.

Bezeichnet in Mangan: Marke III und 49.

Leihgabe des Vaterl. Museums Nr. 389 (Liste Nr. 41).

133. (Caa 2 Nr. 301.) Helmkanne mit aus c-förmigen Schnörkeln gebildeten Henkel und verziert mit Gruppen von Riefelungen, die schräg vom Mündungsrand über Leibung und Fuß verlaufen. Buntfarbig (Grün, Gelb und Manganviolett) bemalt mit zwei Blumenzweigen, Streublumen und Schmetterling. Rand und Henkel in Mangan staffiert. 21 cm hoch.

Bezeichnet in Mangan: Marke III. (Abb. 41.)

134. (Caa 2 Nr. 50.) Réchaud (Milchwärmer), zylindrisch, an der Mitte tonnenartig ausgebuchtet, mit niedrigem Fuß, über dem sich auf der einen Seite eine halbrunde Öffnung zum Einsetzen des Spirituslämpchens befindet, zwei seitlichen Löwenmasken, die unten eine Öffnung haben, und einem gewölbtem Deckel mit Blütenknopf. Im Innern ein halbrundes Einsatznäpfchen. Buntfarbig bemalt (Grün, Gelb, Mangan, Blau) am Körper und Deckel mit Sträußchen und Streublumen. Masken und Blütenknopf staffiert. 29 cm hoch. (Abb. 42.)

Bezeichnet im Deckel und am Boden in Mangan: Marke III.

Geschenk der Frau Amalie Giem geb. Rabe und der Frau Anna Haubner 1870.

135. (Caa 2 Nr. 519.) Kleine Sauciere, kahnförmig, mit vier flachen Ausbuchtungen am Rande, und zwei seitlichen, volutenförmigen Vertikalhenkeln; außen und innen bemalt in blassem Mangan mit Blumenzweigen und Blättern, am inneren Boden mit fliegendem Insekt. Rand und Henkel staffiert. 7 cm hoch; 19 × 10 cm lang und breit.

Bezeichnet in Mangan: Marke III.

Leihgabe des Vaterl. Museums Nr. 194 (Liste Nr. 12).

136. (Caa 2 Nr. 229.) Zuckerdose, glatt, zylindrisch, bemalt in Blau mit dünnen Blütenzweigen in vier, durch senkrechte Linien geteilten Feldern. Der Deckel fehlt; der Rand zum Teil ergänzt. 8,5 cm hoch.

Bezeichnet in Blau: Marke III und 44.

137. (Caa 2 Nr. 57.) Zuckerdose, zylindrisch, mit flach gewölbtem Knopfdeckel; bunt bemalt am Körper und Deckel mit gelbem Randband mit Blumengehängen und Schleifen. 11,5 cm hoch.

Bezeichnet im Deckel und unter dem Boden in Mangan: Marke III u. 48.

Geschenk der Frau Amalie Giem geb. Rabe und der Frau Anna Haubner 1870.

138. (Caa 2 Nr. 518.) Butterdose, oval, mit senkrecht gerippter Wandung und flach gewölbtem Knopfdeckel. Bunt bemalt mit Blätterranke an den Rändern sowie mit Flechtband um Fußrand und Deckelknopf. Die beiden kleinen Vertikalhenkel abgebrochen. 9,5 cm hoch; 13,5 × 10,5 cm.

Bezeichnet in Mangan im Deckel und unter dem Boden: Marke III u. 14.

Leihgabe des Vaterl. Museums Nr. 879 (Liste Nr. 63).

139. (Caa 2 Nr. 361.) Schreibzeug, rechteckig, mit vier platten Kugelfüßen; vorn offener Behälter mit geschweiften Rändern, dahinter geschlossener Behälter mit zwei runden Öffnungen für Tinten- und Sandfaß, die beide fehlen. Bemalt an sämtlichen Flächen in Blau mit Blütenranken und Streublumen. 20 × 13,5 × 9 cm.

Bezeichnet in Blau: Marke III und 1.

140. (Caa 2 Nr. 370.) Tintenfaß und Streusandfaß, aufeinander zu setzen und sich nach oben verjüngend, ovale Grundform. Ersteres um die Wandung mit aufgeformten Rokokokartuschen und vorn mit geflügeltem Engelskopf verziert; letzteres mit einwärts geschwungener Wandung, die an der vorderen Hälfte ähnlich verziert, hinten glatt und nur durch ein senkrechtes Band geteilt ist. Der obere Rand vierpaßförmig gestaltet. Beide Teile gelblich glasiert und unbemalt. 13,5 cm hoch (aufeinandergesetzt).

Bezeichnet in schwärzlichem Mangan: Marke III und 3.

141. (Caa 2 Nr. 333.) Kleines Gefäß (Streubüchse), zylindrisch, mit etwas ausladendem Fußrand; im Innern etwa in der Mitte durchlöcherter Boden. Bemalt in blassem Blau (mit schwarzen Umrissen) mit Streublumen und Blättern. 8,6 cm hoch. Henkel abgebrochen.

Bezeichnet in Mangan: Marke III und 2.

Leihgabe des Vaterl. Museums Nr. 362 (Liste Nr. 33).

142. (Caa 2 Nr. 501.) Blumentopf mit niedrigem, abgeschnürten Fuß und zwei plastischen Löwenmasken. Bemalt in Mangan mit zwei

Rokokokartuschen mit den Initialen H J H. Im Boden fünf Löcher. 21 cm hoch; 19 cm Durchmesser.

Bezeichnet in Mangan: Marke III (Malerzeichen abgesprungen).

Leihgabe des Vaterl. Museums Nr. 225 (Liste Nr. 16).

143. (Caa 2 Nr. 531.) Kleiner Blumentopf (Blumensteckgefäß), viereckig, mit schräg ansteigender Wandung, vier niedrigen Füßen, gewelltem Rand und Einsatzplatte mit neun Öffnungen, die auf Zapfen im Inneren ruht. Bemalt in Blau an zwei gegenüberliegenden Seitenflächen mit Gitterwerk, an den beiden andern sowie an der Einsatzplatte mit dünnen, geschwungenen Blätterzweigen. 9,5 cm hoch; 12,5 × 12,5 cm oberen Maße.

Bezeichnet unter Boden und Einsatzplatte in Mangan: Marke III u. 2.

Leihgabe des Vaterl. Museums Nr. 317 (Liste Nr. 24).

144. (Caa 2 Nr. 532.) Kleiner Blumentopf (Blumensteckgefäß), viereckig, mit schräg ansteigender Wandung, vier niedrigen Füßen, gewelltem Rand und Einsatzplatte mit neun Öffnungen, die auf Zapfen im Innern aufliegt. Bemalt in Blau, Mangan und blassem Gelb: An zwei gegenüberliegenden Flächen mit Blütengehängen bezw. Blumenstrauß, an den beiden anderen mit, von Blumen bezw. Blätterzweigen verzierten, Rundschilden, die die Aufschrift „Glück und Dauer des Lebens" bezw. „Liebe mich, wie ich dich" tragen. Die Einsatzlöcher blau umpunktet, der Rand der Platte mit schmalem Punktband in obigen drei Farben. 9,6 cm hoch; 12 × 12 cm oberen Maße.

Bezeichnet in Mangan unter Boden und Einsatzplatte: Marke III und 41 bezw. 12.

Leihgabe des Vaterl. Museums Nr. 318 (Liste Nr. 25).

145. (Caa 2 Nr. 228.) Blumentopf, rund, sich nach oben erweiternd, mit schwach abgeschnürtem Fuß- und oberen Rand. Bemalt in bunten Farben mit zwei naturalistischen Sträußen, Einzelblumen und Streublümchen. 15,5 cm hoch; 18 cm oberer Durchmesser.

Unbezeichnet.

Geschenk des Herrn Hofglasermeisters Friedrich Giem 1891.

146. (Caa 2 Nr. 82.) Blumentopf, verkehrt kegelförmig, mit flachem Wulst um den oberen Rand und zwei seitlichen Ringen an Stelle der Handhaben; bemalt in hellem Blau mit Blumengehängen zwischen den Ringen. Letztere sowie die Ränder in Blau staffiert. 15,5 cm hoch; 19,5 cm oberer Durchmesser.

Bezeichnet in Blau: Marke III und P.

147. (Caa 2 Nr. 83.) Blumentopf wie Nr. 146; jedoch kleiner. 12 cm hoch; 17 cm oberer Durchmesser. Bezeichnung ebenso. — Beide Stücke sind Geschenke.

148. 149. (Caa 2 Nr. 534. 535.) Zwei Tabaktöpfe, zylindrisch, mit plastischen Reifen unterhalb des Randes und über dem schwach vortretenden Boden. Bemalt in Blau mit zwei, mit Blumen und Merkurkopf verzierten Rokokokartuschen, die bei Nr. 148 die Aufschriften „Rappe Tabac" und „Tabac de Dünker", bei Nr. 149 die Aufschriften „Rappe Tabac" und „Tabac St. Omer" tragen. Reife und Bodenrand in Blau

staffiert. 25 cm hoch; 20 cm oberer Durchmesser. Der Bodenrand bei Nr. 149 stark beschädigt, bei Nr. 148 mit einem Messingreif umgeben. Beide Töpfe tragen außerdem noch die alten Messingdeckel.

Nr. 148 bezeichnet in Blau: Marke III; Nr. 149 unbezeichnet.

Leihgabe des Vaterl. Museums Nr. 393. 829 (Liste Nr. 45. 53).

150. (Caa 2 Nr. 215.) Tabaktopf, zylindrisch, mit je zwei plastischen Reifen unterhalb des Randes und am Boden. Bemalt in Blau mit zwei Rokokokartuschen, die von Blumen umrahmt und von einem Merkurkopf überragt sind und die Aufschrift: „Rappe Tabac“ bezw. „Tabac St. Omer“ tragen. Der Deckel, wohl aus Messing, fehlt. 23,5 cm hoch; 21,5 cm Durchmesser.

Unbezeichnet.

151. (Caa 2 Nr. 548.) Tabaktopf, zylindrisch, mit plastischem Reif unterhalb des Randes und über dem schwach vortretenden Boden. Bemalt in Blau mit zwei, mit Blumen und Merkurkopf verzierten, Rokokokartuschen, die die Aufschrift „Rappe Toback“, bezw. „Toback Hollande“ tragen. Reif und Bodenrand in Blau staffiert. Der Messingdeckel fehlt. 19 cm hoch; 14,5 cm oberer Durchmesser.

Bezeichnet in Blau: Marke III und R.

152. (Caa 2 Nr. 241.) Tabaktopf, zylindrisch, mit plastischem Reif unterhalb des Randes und mit schwach vortretendem Bodenrand. Bemalt in Blau mit zwei, mit Blumen und Merkurkopf verzierten, Rokokokartuschen, die die Aufschrift „Tabac Paris“, bezw. „Tabac St. Omer“ tragen. 21,5 cm hoch; 14,5 cm oberer Durchmesser. Der Messingdeckel fehlt.

Bezeichnet in Blau: Marke III.

153. (Caa 2 Nr. 302.) Tabaktopf, zylindrisch, mit plastischem Reif unterhalb des Randes und über dem schwach ausladenden Boden. Bemalt in Blau mit zwei, mit Blumen und Merkurkopf verzierten Rokokokartuschen, die die Aufschrift „Rappe Tabac“, bezw. „Tabac de Dunker“ tragen. Der ursprünglich dazu gehörige Deckel aus Messing fehlt. 29 cm hoch; 22 cm Durchmesser.

Bezeichnet in Blau: Marke III.

154. 155. (Caa 2 Nr. 371. 372.) Zwei Apothekergefäße, zylindrisch, mit abgeschnürtem Rand und Fuß; bemalt in Blau mit zwei, kranzartig angeordneten Zweigen, die unten durch eine Schleife verbunden sind und oben eine Krone tragen. 12 cm hoch.

Nr. 154 bezeichnet in Mangan: Marke III; Nr. 155 unbezeichnet.

156. (Caa 2 Nr. 549.) Runder, flachgewölbter Deckel mit Knopf; bemalt in Blau und dunkelm Mangan mit drei Blütenzweigen. 9,5 cm Durchmesser.

Bezeichnet in Mangan: Marke III und 17.

157. (Caa 2 Nr. 541.) Runder flacher Deckel mit Knopf und etwas abgesetztem Rand; bemalt in Blau mit Blütenzweigen und Blättchen. 11 cm Durchmesser.

Bezeichnet in Mangan: Marke III und 5.

158. (Caa 3 Nr. 358.) Ofen von rechteckiger Grundform, mit einer Schmalseite an die Wand zu stellen; bestehend aus einem (ursprünglich nicht zugehörigen) Untersatz als Ofenkasten aus gußeisernen Platten, die mit Reliefs — an den Breitseiten jedesmal Grablegung nebst Auferstehung Christi sowie Jonaslegende, an der vorderen Schmalseite Kreuzigung Christi — verziert sind, und einem Oberbau aus Fayence. Letzterer in Gestalt eines offenen Torbogens, dessen Pfeiler auf zwei reich profilierten sockelartigen Gliedern ruhen und einen, mit einer antikisierenden Vase bekrönten geschweiften Giebel tragen. Die Pfeiler mit Pilastern, Voluten und reliefierten Rokokokartuschen an der äußeren und inneren Schmalseite, der Giebel mit vier ebensolchen Kartuschen verziert; das Ganze manganfarbig geadert. 1,80 m hoch (ohne Untersatz). (Abb. 43.)

Unbezeichnet. — Der Ofen stammt aus einem Privathaus in Hornburg und wurde von dort 1900 angekauft.

159. (Caa 2 Nr. 341.) Große Vase, eiförmig, mit geschwungenem Fuß auf quadratischem Sockel, scharf abgesetztem und einwärts gebogenem Hals und hohem Deckel mit flammenartigem Knauf. An Stelle der Henkel zwei Ringe, von denen dicke, mit Bändern umwundene Lorbeergirlanden herabhängen; unten am Körper ein Kranz kräftiger Rundfalten, aus dem die Vase herauswächst. Unbemalt. 47 cm hoch.

Bezeichnet im Deckel in Mangan: Marke III.

160. (Caa 2 Nr. 192.) Deckelvase von flach gedrückter Eiform bei ovalem Durchschnitt, mit einwärts gezogenen Fuß, kurzem Hals, zwei kleinen vertikalen Rokokohenkeln und Deckel mit zwei gitterartig durchbrochenen Öffnungen und einer (ergänzten) Taube an Stelle des Knaufs. Am Körper mit zwei reliefierten Rokokokartuschen verziert und innerhalb derselben bemalt in Mangan mit Landschaften nebst Staffage. Kartuschen und Gitteröffnungen in Mangan staffiert. 38 cm hoch (mit Deckel). Deckel zum Teil ergänzt.

Bezeichnet in schwärzlichem Blau: Marke III und 2.

161. (Caa 2 Nr. 223.) Große Deckelvase von flach gedrückter Eiform bei ovalem Durchschnitt mit konkav geschwungenem Fuß, kurzem Hals, zwei kleinen vertikalen Rokokohenkeln und glockenförmigem Deckel, auf dem eine Taube als Knauf sitzt. Verziert an Körper und Deckel mit je zwei reliefierten Rokokokartuschen. Unbemalt. 30 cm hoch. Der Deckel gekittet und am Rande ausgebessert.

Unbezeichnet. — Geschenk des Herrn Kaufmanns Herm. Ahlers.

162. (Caa 2 Nr. 73.) Potpourri-Vase, eiförmig, mit kurzem Hals und durchlöchertem inneren Knopfdeckel. Bemalt in schwärzlichem Blau mit naturalistischen Blumen (Rose, Tulpe usw.) und kleineren Blütenzweigen. 23,5 cm hoch. Der äußere Deckel fehlt.

Bezeichnet in Blau unter Boden und Deckel: Marke III und Z 4 (Maler Ziegenbein [?]).

Geschenk des Herrn Böttchermeisters Nothdurft 1874.

163. (Caa Nr. 466.) Vase, eiförmig, mit niedrigem, scharf abgeschnürtem Fuß, zwei muschelartig gestalteten Handhaben und kurzem Halsansatz. Die Leibung mit vier Gruppen schräg verlaufender, geschwungener Rippen sowie mit aufgeformten Blumengehängen verziert und in hellem

Blau bemalt mit Sträußen und Einzelblumen. Henkel und Gehänge ebenfalls in Blau staffiert. 24 cm hoch. Am Hals gekittet.

Bezeichnet in Blau: Marke III und C 2. — Die Vase stammt aus der Sammlung von Minnigerode-Allerburg (siehe Lepkes Auktionskatalog der Sammlung 9. X. 1917 Nr. 945 Abb. Tafel 17).

164. (Caa 2 Nr. 307.) Vase, eiförmig, mit niedrigem Fuß, der auf einer flachen quadratischen Platte steht, kurzem, einwärts geschweiftem Hals und zwei, aus Zweigen geflochtenen Horizontalhenkeln, die mit plastischen Blüten am Körper ansetzen. Bemalt in lichtem Blau mit Blumengehängen zwischen den Henkeln und Blütenzweigen unterhalb derselben, mit Gitterwerk am Hals und schlichter Bordüre um den Fuß. Henkel sowie der aufgeformte Blätterkelch, aus dem die Vase herauswächst, und Rand der Fußplatte in Blau staffiert. 29 cm hoch.

Bezeichnet in Blau: Marke III und 2.

165. (Caa 2 Nr. 176.) Kleine Vase, halbkugelig, auf hohem Fuß mit quadratischer Plinthe, mit kurzem, einwärts geschwungenem Hals und gewölbtem Knopfdeckel. An Stelle der Henkel zwei Löwenköpfe, die ein kettenartiges Band unmittelbar unter dem Halsansatz verbindet. Der Körper wächst aus einem Kranz spitzer Blätter empor und ebensolche Blätter legen sich kranzartig um den Deckelknopf. Unbemalt. 28 cm hoch.

Bezeichnet im Deckel und am Boden in Blau: Marke III und 5.

166. (Caa 2 Nr. 177.) Kleine Vase, halbkulgelig, auf hohem Fuß mit quadratischer Plinthe, mit kurzem, einwärts geschwungenem Hals und gewölbtem Knopfdeckel. An Stelle der Henkel zwei Löwenköpfe, zwischen denen sich ein kettenartiges Band unmittelbar unter dem Halsansatz befindet und von denen Blumengirlanden herabhängen. Den Deckel umzieht am Rand eine Perlenschnur und um den Knopf ein Blätterkranz. Unbemalt. 30 cm hoch. Am oberen Rand kleines Stück ausgebrochen.

Bezeichnet im Deckel und am Boden in Blau: Marke III und 1 bezw. 5.

167. (Caa 2 Nr. 305.) Blumenvase, sechseckig, mit schwach ausladendem Fuß, am oberen Rand sechsfach ausgebuchtet. Die Kanten mit in Blau staffierten Rocaillereliefs verziert, in den am oberen Teil dazwischen liegenden Kartuschen Blumen in Blau. 21 cm hoch.

Bezeichnet in Blau: Marke III und C.

Das gleiche Modell in der ehemaligen Sammlung Brennfleck-Würzburg. (Siehe Helbings Auktionskatalog Mai 1912 Nr. 136 Tafel 18).

168. (Caa 2 Nr. 527.) Dasselbe Modell, aber nur mattweiß glasiert.

Bezeichnet in Blau: Marke III.

169. (Caa 2 Nr. 515.) Deckeldose in Form eines Spargelbundes, staffiert in dunkelm Mangan. 13 × 7 cm (Bodenfläche).

Bezeichnet in Schwarz im Deckel und unter dem Boden: Marke III und 27.

Leihgabe des Vaterl. Museums Nr. 757.

170. (Caa 2 Nr. 308.) Deckeldose in Gestalt eines Puters auf ovaler Fußplatte. Bemalt in Mangan. Der obere Deckelteil gekittet. 15,2 cm hoch. (Abb. 44.)

Bezeichnet im Deckel und unter dem Boden in Mangan: Marke III und Z. 5. (J. T. Ziegenbein [?]).

171. (Laa 2 Nr. 195.) Neptun, stehend auf viereckigem Sockel, bärtig, mit Zackenkrone. Er hat den Kopf halb nach links gewandt und ist nackt bis auf ein schmales Gewandstück, das über die rechte Schulter gelegt und um die Hüfte geschlungen ist. In der vor der Brust liegenden Rechten hält er den (ergänzten) Dreizack, während die Linke den Schwanz eines hinter ihm liegenden Delphins umfaßt hat. Unbemalte Statuette. 25 cm hoch.

Bezeichnet in Mangan: Marke III. — Eine farbige Wiederholung in Sammlung W. Löbr. (Siehe Abb. 17.)

172. (Laa 2 Nr. 552.) Ofenaufsatz in Gestalt einer profilierten Vase, auf quadratischer Plinthe, mit zwei muschelartig gestalteten Handhaben und einem gezackten Blatt nebst Blüte als bekrönendem Abschluß. Hinter demselben ein ovales Loch, daneben eingeritzt unter der Glasur 28. Die Vase selbst weiß; das bekrönende Blatt, die Handhaben sowie ein über die Vase fallender Blätterzweig hellblau staffiert, der Rand der Plinthe etwas geadert. 41 cm hoch.

Bezeichnet auf der Rückseite des bekrönenden Blattes in Schwarzblau: Br

. 1782

Vermächtnis A. Vasel, Beierstedt 1910.

173. (Laa 2 Nr. 557.) Terrine, oval, ausgebaucht, mit geschweiftem Fußrand und zwei Horizontalhenkeln. Der ursprünglich zugehörige Deckel fehlt. Bemalt in bunten Farben (Grün, Blau, Gelb) mit Sträußen und Einzelblumen; die Henkel in Blau staffiert. 14 cm hoch; 34,5 cm lang (Henkel mit eingeschlossen); 19 cm oberer Durchmesser.

Bezeichnet in Mangan: Marke Br und 1.

Die Fabrik während der Pacht von Rabe und Hillecke (1773-1776).

174. (Laa 2 Nr. 259.) Becken von rechteckiger Grundform, an Vorder- und Seitenflächen ausgebuchtet und mehrfach geschweift, wobei der obere und untere Rand vorspringen, an der Rückfläche glatt und gerade; mit zwei seitlichen Rocaillehandhaben. Bemalt in Blau an Vorder- und Seitenflächen mit Blumenzweigen, Streublumen und Blättern, an der Rückseite mit wachsenden Blüten, die ein Felsstück umgeben, auf dem ein Vogel sitzt. 16 cm hoch; 30 cm lang; 17 cm breit. An der Rückseite und am Fußrand gekittet. (Abb. 45.)

Bezeichnet in Blau: Marke IV.

Das Gefäß wird als Becken eines Wandbrunnens oder als Blumenkasten gedient haben. Ein Gegenstück dazu in der Sammlung W. Löbr.

175. (Laa 2 Nr. 550.) Kleiner Henkeltopf, rund, mit kurzem, eingeschnürtem Hals und flachem Bügelhenkel. Bemalt in Blau mit Blütenzweigen und Streublümchen. 14 cm hoch.

Bezeichnet in Mangan: Marke IV und 4.

176. (Laa 2 Nr. 54.) Standleuchter mit balusterförmigem Schaft und breitem, runden Fuß. Bemalt in Blau (mit schwärzlicher Vor-

zeichnung) mit naturalistischen Blumenzweigen und Blättchen. 21 cm hoch. Der Fuß angenietet.

Bezeichnet in Mangan: Marke IV.

Geschenk der Frau Amalie Giem geb. Rabe und der Frau Anna Haubner 1870.

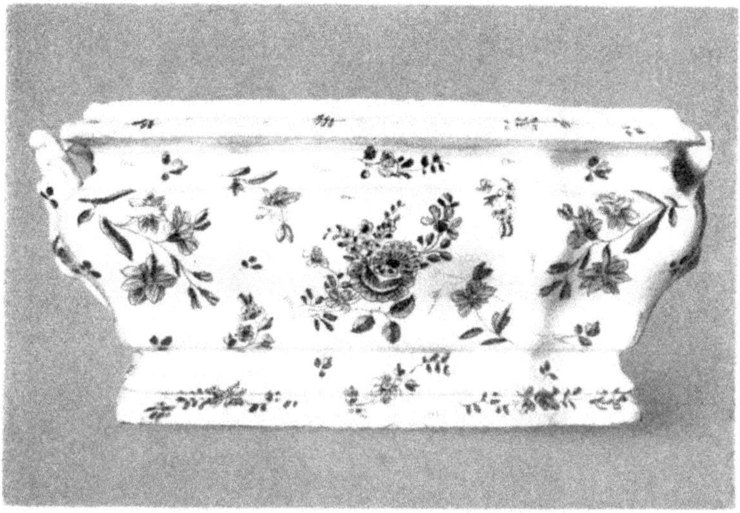

Abb. 45. Blumenkasten, blau bemalt. Marke IV. Städtisches Museum (Verz. Nr. 174).

II. Die Chelysche Fabrik (1745-1756)

177. (Caa 2 Nr. 158.) Vase, birnförmig, mit flach gewölbtem breiten Fuß, niedrigem Hals und flach gewölbtem Knopfdeckel; bemalt in blassem Blau mit zwei großen Landschaften in vieleckigen, von Laub- und Bandelwerk umgebenen Kartuschen. Am Fuße Laub- und Bandelwerk, auf der Schulter und am Deckel Blumen und Gittermuster. 34 cm hoch mit Deckel. Am Rand des Deckels Stück ausgebrochen. (Abb. 46.)

Bezeichnet in Blau im Deckel und unter dem Boden: Marke V und W (wohl M. H. Wachtel).

Abgebildet bei Scherer in „Quellen und Forschungen zur Braunschw. Geschichte VI (1914) Abb. 66" und bei Riesebieter, Die Deutschen Fayencen (1921) S. 263. Abb. 307.

178. (Caa 2 Nr. 355.) Große Vase, birnförmig, mit hohem, profiliertem, stark eingeschnürtem Fuß und kurzem Halsansatz. Bemalt in Blau und

Schwarzbraun mit Blumen und am Fuß mit Girlanden, in flüchtiger Manier. 33,3 cm hoch.

Bezeichnet: Marke V und 10.

Vermächtnis A. Vasel, Beierstedt 1910.

Abb. 46. Vase, blau bemalt wohl von Wachtel. Marke V. Städtisches Museum (Verz. Nr. 177).

179. (Caa 2 Nr. 2.) Vase, birnförmig, mit breitem gewölbten Fuß und niedrigem Hals. Bläuliche Glasur; bemalt mit bunten Blumen, vorherrschend in Gelb und Mangan. 29 cm hoch. Am Hals geflickt.

Bezeichnet: Marke V und H 2 (wohl C. F. W. Heuer).

Geschenk des Tischlermeisters A. Wolters 1863.

180. (Caa Nr. 399.) Vasendeckel, rund, der untere Rand ausladend, oben in flacher Vertiefung mit plastisch gebildeten und naturalistisch bemalten Blumen und Früchten belegt. An der Leibung farbig bemalt mit zwei kleinen Landschaften in kartuschenartigen Feldern und dazwischen je eine gelbe Blume in rautenförmiger Blattumrahmung. 10,3 cm hoch.

Bezeichnet: Marke V und B (H. J. Behrens [?]).

181. (Caa Nr. 240.) Große Terrine, oval. Die Wandung ohne Fuß gerade ansteigend und nach der Mitte zu schwach ausgebuchtet, mit

zwei (ergänzten) Vertikalhenkeln und flach gewölbtem Deckel, der eine Zitrone mit Blättern als Knauf trägt. An Körper und Deckel mit Gruppen von senkrecht verlaufenden Rippen verziert und bemalt in Mangan mit

Abb. 47. Terrine, farbig bemalt. Marke V.
Städtisches Museum (Verz. Nr. 181).

Blumen und fliegenden Phantasievögeln. Mit Deckel 25 cm hoch; Durchmesser des Bodens 32 × 22,5 cm, Durchmesser des oberen Randes 31,5 × 22 cm. (Abb. 47.)

Bezeichnet in Mangan unter dem Boden und im Deckel: Marke V u. C 4.

Abb. 48. Kleine Deckelterrine, blau bemalt von Kirche. Marke V.
Städtisches Museum (Verz. Nr. 182).

182. (Caa 2 Nr. 350.) Ovale Terrine mit Deckel. Die Wandung gerade ansteigend und mit zwei seitlichen Knöpfen als Handhaben versehen; Der flach gewölbte Deckel mit ebensolchem Knopf. Wandung und Deckel in Blau bemalt mit Gittermusterung, in der je vier vierpaßförmige Felder mit Blumenzweigen und zwischen ihnen einzelne Blüten ausgespart sind. 15 cm hoch (mit Deckel), 26,5 × 20 cm oberer Durchmesser. (Abb. 48.)

Bezeichnet im Deckel und unter dem Boden: Marke V und K (S. H. Kirche) und 3. — Abgebildet bei Scherer in „Quellen und Forschungen zur Braunschweig. Geschichte VI (1914) Abb. 63" und bei Riesebieter, Die Deutschen Fayencen. (Abb. 308.)

Vermächtnis A. Vasel, Beierstedt 1910.

Braunschweig, den 16. April 1929

Sehr geehrte Redaktion!

Inliegend beehren wir uns Ihnen eine besonders interessante Neuerscheinung unseres Verlages

Scherer, Braunschweiger Fayencen

zu überreichen und wir wären Ihnen für eine Besprechung und Übersendung eines Belegblattes sehr dankbar.

Hochachtungsvoll

E. Appelhans & Comp.

Christian Scherer. Braunschweiger Fayencen. Verzeichnis der Sammlung Braunschweiger Fayencen im Städtischen Museum zu Braunschweig. Mit 48 Abbildungen. Druck und Verlag von E. Appelhans & Comp. (Rud. Stolle u. Gust. Roselieb), Braunschweig 1929. Auch unter dem Gesamttitel „Werkstücke aus Museum, Archiv und Bibliothek der Stadt Braunschweig, Nr. IV."

Die lesenswerte Schrift zerfällt in zwei Teile, von denen der erste die Geschichte der beiden Braunschweigischen Fayencefabriken nebst einer kurzen Würdigung ihrer Erzeugnisse und der an ihnen beschäftigten Maler und Modelleure behandelt, während der zweite ein Verzeichnis der im Städtischen Museum zu Braunschweig aufbewahrten Braunschweiger Fayencen, der größten Sammlung dieser Art, enthält. Die ältere der beiden Fabriken, die sog. Fürstliche oder auch Hornsche Fabrik, war eine fürstliche Gründung, die gerade 100 Jahre (1707—1807) bestanden und während dieses Zeitraumes wiederholt ihren Besitzer bezw. Pächter gewechselt hat. Ihre noch in großer Zahl erhaltenen Erzeugnisse, Gebrauchs- wie Luxusfayencen, sind von ungleichem Wert, bald von großer Schönheit und Eigenart, bald wieder in technischer wie künstlerischer Hinsicht nur mangelhaft und das Niveau des Mittelmäßigen kaum überschreitend. Im Gegensatz zu dieser älteren war die jüngere Chelysche Fabrik ein reines Privatunternehmen. Sie bestand nur etwa 10 Jahre (1745—1756), hat aber besonders auf dem Gebiet der Luxusfayencen Tüchtiges geleistet, wobei Vasen, Figuren und allerlei freigeformte und naturalistisch bemalte Früchte, die meist auf Gefäßdeckeln und flachen Schalen angeordnet sind, ihre Spezialität bildeten. Beide Fabriken haben, wie die Forschung der letzten Zeit immer deutlicher festgestellt hat, einen starken persönlichen wie künstlerischen Einfluß auf viele ähnliche Unternehmungen in Nord- und Mitteldeutschland ausgeübt, sodaß ihre selbständige Behandlung in der vorliegenden Form sich von selbst rechtfertigt. (Die noch vorhandenen Stücke dieser Braunschw. Erzeugnisse erzielen heute im Antiquitätenhandel respektable Preise, zum Teil mehrere Tausend Mark für besonders schöne und seltene Stücke.)

Einen besonderen Reiz verleihen der Schrift, die übrigens auch die gerade für den Sammler wichtigen Marken in getreuen Facsimiles enthält, die 48 Abbildungen, die nicht nur Fayencen des Städtischen Museums, sondern auch solche aus anderen öffentlichen und privaten Sammlungen wiedergeben und so den Text in anschaulicher Weise ergänzen.

www.ingramcontent.com/pod-product-compliance
Lightning Source LLC
Chambersburg PA
CBHW030309100426
42812CB00002B/637